TAO VAN POEH

andere boeken over en van Poeh
die verschenen bij uitgeverij Sirius en Siderius

A.A. Milne – Citaten van Poeh en zijn vrienden
A.A. Milne – Versjes van Poeh
Christopher Milne – Mijn jeugd met Poeh
Ethan Mordden – Trimmen met Poeh

Benjamin Hoff

TAO VAN POEH

met illustraties van E.H. Shepard

UITGEVERIJ
SIRIUS EN SIDERIUS
DEN HAAG

Oorspronkelijke titel: The Tao of Pooh
Oorspronkelijk uitgever: E.P. Dutton, Inc. - New York

Boekverzorging Studio Sirius - Den Haag
Zetwerk Zetterij Bestenzet - Zoetermeer
Druk Bariet - Ruinen (Dr.)

ISBN 906441064X

Eerste druk juni 1985
Tweede druk juni 1986
Derde druk februari 1987
Vierde druk oktober 1987
Vijfde druk april 1988
Zesde druk maart 1989
Zevende druk februari 1990
Achtste druk november 1990
Negende druk oktober 1991
Tiende druk juni 1992
Elfde druk april 1993
Twaalfde druk juni 1994
Dertiende druk juli 1995
Veertiende druk juni 1996
Vijftiende druk januari 1997

Voor Han Hsiang-tse

Tingele-klingele-bingele-bel,
Een vlieg vogelt niet, maar een vogel vliegt wel,
Geef mij een raadsel en m'n antwoord zal zijn:
Tingele-klingele-tingele-tijn.

INHOUD

VOORWOORD

'Wat zit je daar te schrijven?' vroeg Poeh, terwijl hij op de schrijftafel klauterde.
'De Tao van Poeh,' antwoordde ik.
'De hóe van Poeh?' vroeg Poeh en maakte een vlek op een woord dat ik net had geschreven.
'De *Tao* van Poeh,' antwoordde ik, zijn poot wegpriemend met mijn potlood.
'Het lijkt meer op de *au*! van Poeh,' zei Poeh, terwijl hij over zijn poot wreef.
'Nou, dat is het dus niet,' zei ik nijdig.
'Waar gaat het over?' vroeg Poeh, terwijl hij zich naar voren boog en weer een woord besmoezelde.
'Het gaat over hoe je blij en kalm moet blijven onder alle omstandigheden!' schreeuwde ik.
'Heb jij 't gelezen?' vroeg Poeh.

Dit gebeurde nadat we met een paar mensen over de Grote Meesters der Wijsheid hadden zitten praten en iemand zei dat die allemaal uit het Oosten kwamen en ik zei dat sommigen daar niet vandaan kwamen, maar hij bleef maar doorgaan, net als deze zin, en luisterde helemaal niet, waarop ik besloot een citaat uit de Wijsheid van het Westen voor te lezen om te bewijzen dat de wereld meer dan één halfrond heeft en ik las:

> 'Als je 's morgens wakker wordt, Poeh,' zei Knorretje tenslotte, 'wat is dan je eerste gedachte?'
> 'Wat zal ik gebruiken voor mijn ontbijt?' zei Poeh. 'En jij, Knorrie, waar denk *jij* aan?'
> 'Ik denk altijd: Wat zou er *vandaag* nu weer voor bijzonders gebeuren?' zei Knorretje.
> Poeh knikte nadenkend.
> 'Komt op hetzelfde neer,' zei hij.

'Wat was dat?' vroeg de Ongelovige.
'Wijsheid van een westerse Taoïst,' zei ik.
'Het klinkt alsof het uit *Winnie-de-Poeh* komt,' zei hij.
'Komt het ook,' zei ik.
'Dat gaat niet over Taoïsme,' zei hij.
'Jazeker wel,' zei ik.
'Nee hoor,' zei hij.
'Waar denk jij dan dat het over gaat?' zei ik.
'Het gaat over zo'n klein dik beertje dat wat rondscharrelt, domme vragen stelt, liedjes bedenkt en allerlei avonturen beleeft, zonder ooit ook maar enige intellectuele kennis op te doen of dat simpele soort geluk van hem kwijt te raken. Dáár gaat het over,' zei hij.

‘Komt op hetzelfde neer,’ zei ik.

Toen begon er een idee bij me op te komen: een boek schrijven dat de principes van het Taoïsme verklaarde aan de hand van Winnie-de-Poeh en Winnie-de-Poeh verklaarde aan de hand van de principes van het Taoïsme.
Op de hoogte gesteld van mijn voornemen, riepen de geleerden: ‘Bespóttelijk!’ en zo meer. Anderen zeiden dat het het stomste was dat ze ooit hadden gehoord en dat ik zeker aan ’t dromen was. Weer anderen zeiden dat het een aardig idee was, maar te moeilijk. ‘Waar zou je in vredesnaam moeten beginnen?’ vroegen ze. Nu, in een oud Taoïstisch gezegde wordt het zo gesteld: ‘Een reis van duizend kilometer begint met één stap.’
Dus ik denk dat we maar bij het begin moeten beginnen...

DE *HOE* VAN POEH?

'Zie je, Poeh,' zei ik, 'een heleboel mensen schijnen niet te weten wat Taoïsme is...'
'Ja?' zei Poeh, met zijn ogen knipperend.
'Dus daar dient dit hoofdstuk voor, om het allemaal een beetje uit te leggen.'
'O ja,' zei Poeh.
'En dat kunnen we het makkelijkst doen door even naar China te gaan.'
'Wat?' zei Poeh, zijn ogen opensperrend van verbazing. 'Nou meteen?'
'Natuurlijk. We hoeven er alleen maar lekker rustig voor te gaan zitten en dan zijn we er al.'
'O ja,' zei Poeh.

Stel je eens voor dat we door een nauw straatje in een grote Chinese stad zijn gelopen en een winkeltje hebben gevonden waar ze afbeeldingen verkopen, die op de klassieke wijze op rollen zijn geschilderd. We gaan naar binnen en vragen of we iets allegorisch mogen zien – iets humoristisch misschien, maar met een soort tijdloze betekenis. De winkelier glimlacht. 'Ik heb precies wat u zoekt,' zegt hij. 'Een kopie van *De Azijnproevers!'* Hij brengt ons naar een grote tafel, ontrolt de schildering en legt hem neer zodat we hem kunnen bekijken. 'Excuseer me, ik heb even iets anders te doen,' zegt hij en begeeft zich naar de achterkant, zodat we alleen blijven met de schildering.

Hoewel we kunnen zien dat dit een vrij recente kopie is, weten we dat het origineel lang geleden is geschilderd; wanneer precies is niet zeker. Maar het thema van de afbeelding is inmiddels heel bekend.

We zien drie mannen rond een vat azijn staan. Ze hebben elk een vinger in de azijn gedoopt en geproefd. Uit de gezichtsuitdrukking van ieder van hen blijkt hun individuele reaktie. Aangezien het een allegorische voorstelling is, wordt ons te verstaan gegeven dat dit geen gewone azijnproevers zijn, maar vertegenwoordigers van de drie geestelijke stromingen in China en dat de azijn die zij proeven de Essentie van het Leven is. De drie meesters zijn K'oeng Foe-tse (Confucius), Boeddha en Lao-tse, auteur van het oudste bestaande boek over het Taoïsme. De eerste kijkt zuur, de tweede heeft een bittere uitdrukking op zijn gezicht, maar de derde man glimlacht.

Voor K'oeng Foe-tse deed het leven nogal zuur aan. Hij geloofde dat het heden niet in de pas liep met het verleden en dat het menselijk bestuur op aarde niet in harmonie was met de Hemelse Weg, het bestuur van het universum. Daarom legde hij de nadruk op eerbied voor zowel de Voorouders als voor de oude rituelen en ceremonieën waarin de keizer, als Zoon des Hemels, optrad als tussenpersoon tussen grenzeloze hemel en begrensde aarde. Het gebruik van strikt afgemeten hofmuziek, voorgeschreven passen, handelingen en frasen, dat alles vormde tesamen onder het Confucianisme een buitengewoon ingewikkeld stelsel van rituelen, die elk op een bepaald tijdstip voor een bepaald doel dienden. Over K'oeng Foe-tse werd dit gezegde opgetekend: 'Als de mat niet recht lag, wilde de Meester niet zitten.' Dat moet wel een aanwijzing geven voor de mate waarin men dingen doorvoerde onder het Confucianisme.

Voor Boeddha, de tweede figuur op de voorstelling, was het leven op aarde bitter, vervuld van gehechtheid en begeerten die lijden voortbrachten. De wereld werd beschouwd als een vallenzetter, een voortbrenger van illusies, een rondwentelend wiel van pijn voor alle schepselen. Teneinde vrede te verwerven vonden de Boeddhisten het noodzakelijk boven de 'wereld van het stof' uit te stijgen en het Nirvana te bereiken, letterlijk een toestand van 'geen wind'. Ofschoon de in wezen optimistische houding van de Chinezen het Boeddhisme aanzienlijk veranderde, nadat het werd ingevoerd uit zijn land van herkomst India, zag de vrome Boeddhist zijn weg naar het Nirvana toch vaak belemmerd door de bittere wind van het alledaagse bestaan.

Volgens Lao-tse kon de natuurlijke harmonie die vanaf het eerste begin bestond tussen hemel en aarde door iedereen worden gevonden, op ieder willekeurig tijdstip, maar niet door de regels van het Confucianisme te volgen. Zoals hij stelde in zijn *Tao Te Tsjing*, het 'Tao-boek der Deugd', was de aarde in wezen een afspiegeling van de hemel, geregeerd door dezelfde wetten – *niet* de wetten der mensen. Deze wetten beïnvloedden niet alleen de omwenteling van verre planeten, maar ook het doen en laten van de vogels in het woud en de vissen in de zee. Lao-tse meende dat hoe meer de mens ingreep in het natuurlijk evenwicht dat werd voortgebracht en geregeerd door de universele wetten, hoe meer de harmonie zich terugtrok in de verte. Hoe meer hij forceerde, hoe meer moeilijkheden. Zwaar of licht, nat of droog, snel of langzaam, alles droeg zijn eigen aard al in zich en deze kon men geen geweld aandoen zonder problemen te veroorzaken. Wanneer er van buitenaf abstracte en willekeurige regels werden opgelegd, was strijd

onvermijdelijk. Pas dan werd het leven zuur. Voor Lao-tse was de wereld geen vallenzetter, maar een leermeester die waardevolle lessen leerde. Zijn lessen moesten worden geleerd, precies zoals zijn wetten moesten worden nagevolgd; dan zou alles goed gaan. In plaats van anderen te adviseren 'de wereld van het stof' de rug toe te keren, raadde hij hen 'zich te voegen bij het stof van de wereld'. De werkzame kracht die hij zag achter alles in hemel en aarde noemde hij *Tao*, 'de Weg'. Een grondprincipe van Lao-tse's leer was dat deze Weg van het Universum niet adekwaat in woorden kon worden beschreven en dat het zowel voor zijn onbeperkte macht als voor de intelligente menselijke geest een belediging zou zijn daartoe een poging te doen. Toch kon men zijn aard bevatten en zij die de Weg, en het leven waarvan hij niet te scheiden is, het meest aan het hart lag, begrepen die het beste.
Door de eeuwen heen ontwikkelde Lao-tse's klassieke leer zich en verdeelde zich in verschillende vormen: die van filosofie, kloosterleven en volksreligie. Deze kunnen alle worden samengevat onder de algemene noemer Taoïsme. Maar het fundamentele Taoïsme, waarmee we hier te maken hebben, is eenvoudig een bepaalde manier van werken met alles wat er gebeurt in het dagelijks leven, het te waarderen

en ervan te leren. Vanuit het Taoïstische standpunt is geluk het natuurlijke resultaat van deze harmonieuze levenswijze. Je zou kunnen zeggen dat een blijmoedige sereniteit het meest opvallende kenmerk is van de Taoïstische persoonlijkheid, en een subtiel gevoel voor humor spreekt uit zelfs de diepzinnigste Taoïstische geschriften, zoals de vijfentwintighonderd jaar oude *Tao Te Tsjing*. In het werk van de tweede belangrijke schrijver van het Taoïsme, Tsjoeang-tse lijkt het wel of er een zacht lachen opborrelt, als het water van een bronnetje.

'Maar wat heeft dat nou met azijn te maken?' vroeg Poeh.
'Ik dacht dat ik dat had uitgelegd,' zei ik.
'Ik geloof van niet,' zei Poeh.
'Goed, dan zal ik het nu uitleggen.'
'Da's goed,' zei Poeh.

Waarom glimlacht Lao-tse op die afbeelding? Per slot moet de azijn die het leven voorstelt toch bepaald vies smaken, zoals blijkt uit de gezichtsuitdrukking van de andere twee. Maar door in harmonie te werken met de levensomstandigheden verandert de Taoïstische opvatting datgene wat anderen misschien als negatief ervaren in iets positiefs. Vanuit het Taoïstische gezichtspunt komen zuurheid en verbittering voort uit de geest, die verstorend werkt en geen waardering kent. Het leven zelf, wanneer het wordt begrepen en benut voor wat het is, is zoet. Dat is de boodschap van *De azijnproevers*.

'Zoet? Net als honing bedoel je?' vroeg Poeh.
'Tjaa, zo zoet nou misschien ook weer niet,' zei ik. 'Dat zou een beetje overdreven zijn.'
'Is het de bedoeling dat we nog steeds in China zijn?' vroeg Poeh aarzelend.
'Nee, we zijn klaar met uitleggen en nu zijn we weer terug bij de schrijftafel.'
'O.'

'Zo, we zijn net op tijd voor een hapje van het een of ander,' voegde hij er aan toe en kuierde naar de keukenkast.

DE TAO VAN *WIE*?

We zaten laat in de avond te praten over de definitie van wijsheid en stonden juist op het punt om bij de hele boel in slaap te vallen, toen Poeh opmerkte dat zijn begrip van de Taoïstische principes vanaf zekere Verre Voorouders aan hem was overgeleverd.

'Wie bijvoorbeeld?' vroeg ik.
'Poeh Tao-tse bijvoorbeeld, de beroemde Chinese schilder,' zei Poeh.
'Dat was *Woe* Tao-tse.'
'Of wat dacht je van Li Poeh, de beroemde Taoïstische dichter?' vroeg hij voorzichtig.
'Je bedoelt Li *Po*,' zei ik.
'O,' zei Poeh, terwijl hij naar zijn voeten keek.
Toen bedacht ik iets. 'Dat doet er trouwens niet toe,' zei ik, 'want een van de belangrijkste Taoïstische principes is naar jou genoemd.'
'Echt waar?' vroeg Poeh, terwijl hij iets hoopvoller keek.
'Natuurlijk – *P'oe*, het Ongekerfde Blok.'
'Dat was ik vergeten,' zei Poeh.

Dus daar zitten we dan, op het punt om iets uit te leggen over *P'oe*, het Ongekerfde Blok. We zullen, op de klassieke Taoïstische manier, niet teveel ons best doen of teveel uitleggen, omdat we daar alleen maar in de war van zouden raken en omdat het de indruk zou wekken dat het allemaal maar een intellectueel idee is dat je op een intellectueel niveau kan bekijken en verder negeren. Dan zou je zeggen: 'Nou, dit is nu wel een heel aardig idee, maar waar komt het eigenlijk op neer?' Dus in plaats daarvan zullen we proberen om te *laten zien* waar het op neer komt, op allerlei manieren.

P'oe spreek je, tussen haakjes precies zo uit als Poeh, alsof je een vlieg van je arm blaast op een warme zomerdag.

Maar voordat we onze Huis-Expert ten tonele voeren voor een paar verhelderende opmerkingen, gaan we eerst nog iets uitleggen.

De kern van het principe van het Ongekerfde Blok is dat de dingen in hun oorspronkelijke eenvoud hun eigen natuurlijke kracht bevatten, een kracht die gemakkelijk verspild wordt en verloren gaat wanneer die eenvoud verandert. Van het geschreven karakter P'oe geeft het gemiddelde Chinese woordenboek de definitie 'natuurlijk, eenvoudig, puur, eerlijk'. P'oe is samengesteld uit een combinatie van twee afzonderlijke karakters: het eerste is het 'radicale' karakter – wat wil zeggen dat het de wortelbetekenis aanduidt – en staat voor 'boom' of 'hout'; het tweede 'fonetische' of klankbepalende karakter betekent 'dichte begroeiing' of 'struikgewas'. Dus van 'boom in het struikgewas' of 'ongehakt hout' komt de betekenis van 'dingen in hun natuurlijke staat', hetgeen in westerse versies van Taoïstische geschriften doorgaans wordt voorgesteld als het 'ongekerfde blok'.

Dit Taoïstische basisprincipe is niet alleen van toepassing op *dingen* in hun natuurlijke schoonheid en functie, maar ook op mensen. Of Beren. Waarmee we weer uitkomen bij Poeh, het prototype bij uitstek van het Ongekerfde Blok. Als voorbeeld van het principe lijkt hij soms misschien wat té simpel...

> 'Ik denk eigenlijk dat het wat meer naar rechts is,' zei Knorretje een beetje benauwd.
> 'Wat denk jij, Poeh?'

Poeh keek eens naar zijn twee pootjes. Hij wist dat het ene zijn rechterpootje was en als je wist welke het rechter was, dan was het andere het linker. Maar hij kon nooit onthouden hoe je beginnen moest.
'Ja...' zei hij langzaam.

...maar, hoe anderen misschien ook tegen hem aankijken, vooral degenen die zich door de schijn laten beetnemen, Poeh, het Ongekerfde Blok, is in staat tot de dingen die hij volbrengt, omdát hij een simpele ziel is. Zoals iedere Taoïst die uit het woud komt aangewandeld je kan vertellen, is een simpele ziel niet noodzakelijkerwijs *stom*. Het zegt nogal iets dat de roerloze, kalme, reflecterende 'spiegelgeest' van het Ongekerfde Blok het ideaal van het Taoïsme is en het zegt nogal iets dat Poeh, en niet de denkers Konijn, Uil of Iejoor, de ware held is van *Winnie-de-Poeh* en *Het huis in het Poeh-hoekje*:

'De zaak is,' zei Konijn, 'dat we op de een of andere manier verdwaald zijn.' Ze zaten een beetje uit te rusten in een zandkuiltje op de heuvel in het Woud. Dat zandkuiltje begon Poeh allang te vervelen en hij verdacht het kuiltje er eigenlijk van dat het hen achtervolgde, want welke kant ze ook uitliepen, ze kwamen altijd weer bij het zandkuiltje uit, en telkens als ze het door de mist heen weer in het oog kregen, zei Konijn triomfantelijk: 'Nu weet ik waar we zijn,' en dan zei Poeh treurig: 'Ik ook,' en

Knorretje zei niets. Hij had wel geprobeerd om ook iets te bedenken, maar het enige wat hij bedenken kon was 'Help, help!' en het leek hem zo dom om dat te zeggen, als hij Poeh en Konijn toch bij zich had.
'Nou,' zei Konijn na een lange stilte, waarin niemand hem bedankte voor de prettige wandeling die hij ze bezorgde, 'we moesten maar eens verder gaan, vind ik. Welke kant zullen we proberen?'
'Wat denk je ervan,' zei Poeh bedachtzaam,' als we eens, zogauw we uit het gezicht zijn van deze kuil, probeerden hem terug te vinden?'
'Wat heb je daaraan?' zei Konijn.
'Wel,' zei Poeh, 'we zoeken nu almaar naar ons huis en we vinden het maar niet, en nou dacht ik, als we nou eens naar deze Kuil zochten, dan vonden we die vast ook wel niet en dat zou al een Mooi Ding zijn, want dan konden we misschien wel eens iets vinden waar we *niet* naar zochten en dat was dan misschien juist iets waar we *wel* naar zochten.'
'Ik zie er niet veel in,' zei Konijn . . .
'Als ik van deze Kuil vandaan liep en ik liep er dan meteen weer heen, dan zou ik hem natuurlijk vinden.'
'Maar ik dacht dat je dat misschien niet zou doen,' zei Poeh.' ''t Is maar een idee.'
'Probeer eens!' zei Knorretje opeens. 'Dan zullen wij hier wel op je wachten.'
Konijn lachte eens, om te tonen hoe kinderachtig hij Knorretje vond en wandelde in de mist weg. Nadat hij zowat een honderd meter gelopen had, keerde hij terug – en toen Poeh en Knorretje zowat

twintig minuten gewacht hadden, stond Poeh maar eens op.
''t Was maar een idee,' zei Poeh. 'Komaan, Knorretje, we gaan naar huis, hè?'
'Ja maar, Poeh,' zei Knorretje opgewonden, 'weet je de weg dan?'
'Nee,' zei Poeh. 'Maar er staan twaalf potten honing in mijn kast en die staan me al urenlang te roepen. Eerst hoorde ik ze niet zo goed, omdat Konijn maar praatte *en* praatte, maar als niemand anders iets zegt dan die twaalf potten, dan denk ik wél, Knorretje, dat ik weet van welke kant ze roepen. Kom maar mee!'
Toen wandelden ze samen weg; en een poos lang zei Knorretje niets, om de potten niet in de rede te vallen; en toen ineens maakte hij een piepgeluidje... en een o-geluidje... omdat hij nu begon te begrijpen waar hij was; maar dat durfde hij niet hardop te zeggen, voor 't geval hij er eens niet mocht zijn. En juist toen hij het helemaal zeker begon te weten, zo zeker dat het niet eens meer hinderde of je de honingpotten hoorde roepen of niet, toen klonk er vóór ze uit roepen en daar stapte Janneman Robinson uit de mist te voorschijn.

Welbeschouwd zou, als Verstand het meeste telde, Konijn Nummer Een zijn, in plaats van dat Beertje. Maar zo zitten die dingen niet in elkaar.

'We komen je een Prettige Donderdag wensen,' zei Poeh, nadat hij twee of drie maal naar binnen en

weer naar buiten was gegaan, alleen maar om te zien of hij er wel echt weer uit zou kunnen.
'Wat gebeurt er dan op Donderdag?' vroeg Konijn en toen Poeh alles had uitgelegd en Konijn, wiens leven uit Belangrijke Gebeurtenissen bestond, gezegd had: 'O! Ik dacht dat je heus ergens om kwam,' gingen ze maar eens zitten en na een minuut of wat gingen Poeh en Knorrie maar weer eens opstappen. Ze hadden nu de wind achter, zodat ze niet hoefden te schreeuwen.
'Konijn is knap,' zei Poeh peinzend.
'Ja,' zei Knorretje, 'Konijn is knap.'
'En hij heeft Hersens.'
'Ja,' zei Knorretje, 'Konijn heeft Hersens.'
't Was een hele tijd stil.
'Daardoor komt het zeker,' zei Poeh, 'dat hij nooit iets begrijpt.'

En als Knappe Konijn dat bijzondere 'Iets' niet heeft, dan heeft Stekelige Iejoor het stellig helemaal niet. Waarom niet? Vanwege iets dat je de Iejoor-Instelling zou kunnen noemen. Je zou het zo kunnen zeggen: als Konijns leventje draait om Kennis terwille van het Knap zijn en dat van Uil draait om Kennis terwille van het Zich Wijs Voordoen, dan draait dat van Iejoor om Kennis terwille van het Zielig Doen over 't een of ander.
Zoals Zonneklaar is voor iedereen die er *geen* last van heeft, staat de Iejoor-Instelling zaken als wijsheid en geluk in de weg en maakt het vrij

moeilijk om iets te Maken van het leven:

> Iejoor, de oude grijze Ezel, stond aan de oever van het riviertje zijn eigen spiegelbeeld in 't water te bekijken.
> 'Aandoenlijk,' zei hij. 'Dat is 't juiste woord: 'Aandoenlijk'.
> Hij keerde zich om, liep een eind langs het riviertje en plaste er toen dwars doorheen naar de overkant. Daarna liep hij aan de andere kant langzaam terug en bekeek zich nog eens in het spiegelende water.
> 'Dat dacht ik al,' zei hij, 'aan *deze* kant zie ik er niet veel beter uit! Maar niemand die zich er om bekommert! Geen enkel schepsel dat wat om me geeft. Aandoenlijk, dat is 't!'
> Er was een geluid van knappende takken in het struikgewas achter hem en Poeh kwam tevoorschijn.
> 'Goeiemorgen Iejoor,' zei Poeh.
> 'Goeiemorgen Poeh Beer,' zei Iejoor treurig. 'als 't tenminste een *goeie* morgen is,' zei hij. 'Maar daar twijfel ik aan,' zei hij.
> 'Wat scheelt je toch, dat je alles zo donker inziet?'
> 'Niets, Poeh Beer, niets. We kúnnen het niet allemaal, en sommigen van ons doen het niet. En dat is alles wat ik ervan zeggen kan.'

't Is niet zo dat het bij de Iejoor-Instelling noodzakelijkerwijs aan een zekere grimmige humor ontbreekt...

'Hallo, Iejoor,' riepen ze vrolijk.
'Zo,' zei Iejoor. 'Verdwaald?'
'We komen je opzoeken,' zei Knorretje. 'We wouwen eens zien hoe 't met je huis was. Kijk, Poeh! 't Staat nog.'
'Ik weet het,' zei Iejoor. 'Er had natuurlijk iemand moeten komen om het omver te gooien.'
'We waren nieuwsgierig of de wind het misschien omgeblazen had,' zei Poeh.
'Aha, dáárom heeft niemand de moeite genomen, vermoed ik. Ik dacht dat ze 't misschien vergeten waren.'

... maar ja, zo verschrikkelijk *leuk* is die nu ook weer niet. Tenminste niet zo leuk als een paar andere gezichtspunten die we zouden kunnen bedenken. Een tikje te ingewikkeld of zo. Want wat is het nu eigenlijk dat Poeh zo dierbaar maakt?
'Nou, om te beginnen,' zei Poeh.
Tja, om te beginnen hebben we daar het principe van het Ongekerfde Blok. Wat spreekt ons per slot het meeste aan in Poeh? Wat kan het anders zijn dan...
'Nou, om te beginnen...'

. . . eenvoud, de Eenvoud van het Ongekerfde Blok? En het aardigste aan de Eenvoud is zijn bruikbare wijsheid, de wat-hebben-we-te-eten-variant – wijsheid die je kunt beetpakken.

'Vooruit, Poeh, wat kan je ons vertellen over het Ongekerfde Blok?'
'Het wát?' vroeg Poeh, terwijl hij opeens overeind kwam en zijn ogen opendeed.
'Het Ongekerfde Blok. Je wéét wel. . . '
'O, het . . . O.'
'Wat heb je er over te zeggen?'
'Ik heb het niet gedaan,' zei Poeh.
'Jij. . . '
''t Moet Knorrie zijn geweest,' zei hij.
'Ik niet!' piepte Knorretje.
'O, Knorrie. Waar heb jij. . . '
'Ik heb het *niet* gedaan,' zei Knorretje.
'Nou, dan zal 't Konijn wel zijn geweest,' zei Poeh.
'*Ik* niet!' hield Knorretje vol.
'Riep er iemand?' zei Konijn, opduikend van achter een stoel.
'O Konijn,' zei ik. 'We hadden het over het Ongekerfde Blok.'
'Niet gezien,' zei Konijn, 'maar ik ga het Uil wel even vragen.'
'Dat is niet no-,' begon ik.
'Te laat,' zei Poeh. 'Hij is al weg.'

'Ik heb zelfs nog nooit gehóórd van dat Ongekerfde Blok,' zei Knorretje.
'Ik ook niet,' zei Poeh en wreef zijn oor.
''t Is maar een stijlfiguur,' zei ik.
'Een wát voor een ding?' vroeg Poeh.
'Een stijlfiguur. 't Betekent dat, eh, het Ongekerfde Blok een manier is om te zeggen "net als Poeh".'
'O, is dat nou alles?' zei Knorretje.
'Ik dacht al,' zei Poeh.

Poeh kan ons het Ongekerfde Blok niet in woorden beschrijven; hij *is* het gewoon. *Dat* is de aard van het Ongekerfde Blok.

'Een volmaakte beschrijving. Dank je, Poeh.'
'Geen dank hoor,' zei Poeh.

Wanneer je je ontdoet van arrogantie, ingewikkeldheid en nog een paar andere dingen die in de weg zitten, zal je vroeg of laat achter dat eenvoudige, kinderlijke en mysterieuze geheim komen waarmee zij die het Ongekerfde Blok kennen vertrouwd zijn: het Leven is Leuk.

> Nu zaten Poeh en Knorretje eens op een herfstmorgen, toen de wind al de blaadjes van de bomen geblazen had en probeerde om er nu ook de takken af te blazen, rustig op het Peinzend Plekje om iets te

bedenken.
'Weet je wat *ik* vind?' zei Poeh. Ik vind dat we eens naar het Poeh-hoekje moesten gaan om Iejoor op te zoeken, want Iejoor zijn huis is misschien wel omgewaaid en dan wil hij misschien wel graag dat wij het weer opbouwen.'
'Weet je wat *ik* vind?' zei Knorretje, 'ik vind dat we Janneman Robinson eens moesten gaan opzoeken, maar hij zal er natuurlijk niet zijn, dus dat kan niet.'
'Laten we ze *allemaal* gaan opzoeken,' zei Poeh. 'Want zie je, als je mijlen ver door de wind hebt gelopen en je gaat dan opeens iemands huis binnen en die zegt: "Hallo Poeh, je komt precies op tijd voor een likje van het een of ander," en als dat dan ook zo is, dan is het wat ik noem een Vriendelijke Dag.'
Knorretje vond dat ze toch eigenlijk een reden moesten hebben om ze allemaal op te zoeken, zoals 'Kleintje zoeken' of een 'expotitie Organiseren' of zoiets, als Poeh misschien iets kon bedenken.
Ja, dat kon Poeh wel.
'We kunnen wel gaan omdat het donderdag is. Dan gaan we iedereen een Hele Prettige Donderdag wensen. Kom mee, Knorretje.'

Vanuit de toestand van het Ongekerfde Blok komt het vermogen om te genieten van dingen die simpel en rustig, eenvoudig en natuurlijk zijn. En dat brengt weer het vermogen met zich mee om dingen spontaan te doen en ze nog te laten lukken ook, hoe raar dat anderen soms

ook mag voorkomen. Zoals Knorretje zei in *Winnie de Poeh*: ‘Poeh heeft eigenlijk niet zo’n heel groot Verstand, maar hij redt zich toch maar overal uit. Hij doet de gekste dingen en toch draaien ze altijd op iets goeds uit.’
Om dit allemaal wat beter te begrijpen is het misschien wel goed om eens te kijken naar iemand die helemaal het tegendeel is – iemand als, laten we zeggen, *Uil* bijvoorbeeld.

PLES RING
IS REQIRD
PLEZ CNOKE
AN RNSR
IS NOT REQID

HOE JE 'DINSDAG' SPELT

> Tussen hoge bomen en struikgewas stapte Beer voort; langs hellingen, begroeid met hei en stekelbrem, door de steenachtige bedding van een rivier, langs steile zandrotsen en nog weer eens over de hei; net zolang tot hij, hongerig en vermoeid, het Honderd-Bunders-Bos bereikte, waarin Uil woonde.
> 'Want als er iemand is die iets van iets weet,' zei Beer bij zichzelf, 'dan is het Uil, die iets weet van iets,' zei hij, 'of ik mag geen Winnie de Poeh heten,' zei hij. 'En zo heet ik,' voegde hij eraan toe. 'Dus zo zie je maar.'

Nu komen we dus bij het huis van Uil, zoals sommigen van ons al menigmaal zijn gekomen, om antwoord te krijgen op de een of andere vraag. Zijn we hier aan het goede adres?
Voor we naar binnen gaan en eens wat rondkijken, is het misschien verstandig een paar Verhelderende Opmerkingen te maken over het soort geleerde dat Uil vertegenwoordigt, met betrekking tot de instelling en de beginselen van Taoïsme waarmee we hier te

maken hebben.
Om te beginnen moeten we erop wijzen dat de geleerden in China over het algemeen Confucianistisch waren opgeleid en georiënteerd en daarom een ietwat andere taal spraken dan de Taoïsten, die geneigd waren de Confucianisten te bezien als bedrijvige mieren, die de picknick van het leven bedierven, door altijd maar gejaagd heen en weer te rennen om de kruimeltjes die van boven vielen te verzamelen. In het laatste gedeelte van de *Tao Te Tsjing* schreef Lao-tse: 'Wijzen zijn niet geleerd; geleerden zijn niet wijs' – een mening die vooren sedertdien is gedeeld door talloze Taoïsten. Vanuit het Taoïstische gezichtspunt mag het academische intellect dan nuttig zijn om zekere zaken te analyseren, maar voor een ruimere, diepgaander materie is het ontoereikend. De Taoïstische schrijver Tsjoeang-tse formuleerde het zo:

> Een kikker in een poel kan zich de oceaan niet voorstellen, evenmin als een zomerinsekt zich een begrip kan vormen van ijs. Hoe kan een geleerde dan de Tao begrijpen? Hij wordt belemmerd door zijn eigen geleerdheid.

(Deze en andere selecties uit klassieke oosterse teksten zijn door mijzelf vertaald en bewerkt.)

Het doet eigenlijk nogal merkwaardig aan dat het Taoïsme, de weg van de Gehele Mens, De Ware Mens, de Geest-Mens (om maar een paar Taoïstische termen te gebruiken), hier in het westen grotendeels wordt geïnterpreteerd door de Geleerde Uil – door het Brein, de Academicus,de droogstoppelige Verstrooide Professor. In plaats van het Taoïstische ideaal van volkomenheid en onafhankelijkheid te weerspiegelen, is dit incomplete en onevenwichtige schepsel juist bezig alle mogelijke abstractheden in vakjes en categorietjes te verdelen, terwijl hij in zijn dagelijks leven tamelijk hulpeloos en chaotisch blijft. In plaats van te leren van Taoïstische meesters en van directe ervaring, leert hij intellectueel en indirect, uit boeken. En aangezien hij doorgaans de Taoïstische princi-

pes niet op een huis-tuin-en-keuken-manier in praktijk brengt, wil hij in zijn uitleg ervan nogal eens vrij belangrijke details weglaten, zoals hoe ze werken en waarop je ze kunt toepassen.
Bovendien is het erg moeilijk iets van de *geest* van het Taoïsme terug te vinden in de bloedeloze geschriften van de humorloze Academische Doodgraver, in wiens gefossiliseerde Geleerde Dissertaties evenveel van het karakter der Taoïstische wijsheid terug te vinden is als in het doorsnee wassen-beeldenmuseum.
Maar zoiets kun je verwachten van onze uitgedroogde westerse afstammeling van de toegewijde Confucianistische geleerde, de Academische Deskundige, die, in tegenstelling tot zijn Edele maar tamelijk Fantasieloze voorouder, meent een soort monopolie te bezitten van–

'Wat *is* dat?' onderbrak Poeh me.
'Wat is *wat*?' vroeg ik.
'Wat je net zei – De Anemische Klunzige . . . eh, je weet wel.'
'Eh, eens kijken. De Anemische Klunzige Geleerde is iemand die Kennis vergaart omwille van de Kennis en alles wat hij leert voor zichzelf of zijn eigen kleine groepje houdt, die liever gewichtige en pretentieuze verhandelingen schrijft waar verder geen mens iets van begrijpt,

dan te werken aan iets waar anderen wijzer van worden. Hoe klinkt dat?'
'Een stuk beter,' zei Poeh.
'Uil gaat nu de Anemische Klunzige Geleerde voor ons illustreren,' zei ik.
'O,' zei Poeh.

Waarmee we weer terechtkomen bij Uil. Even kijken – hoe zat het volgens Konijn ook weer met Uil? O ja, zo:

> ...je moet wel respect hebben voor iemand die DINSDAG kan spellen, ook al is het dan niet helemaal goed; maar spellen is uiteindelijk niet de hele wereld. Sommige dagen is het helemaal niets waard of je dinsdag kan spellen of niet.

'Tussen haakjes Poeh, hoe zou jij dinsdag spellen?'
'Wat spellen?' vroeg Poeh.
'Dinsdag. Je weet wel, van maandag, dinsdag...'
'Beste Poeh,' zei Uil, '*iedereen* weet dat je dat spelt met een *T*.'
'Is het heus?' vroeg Poeh.
'Natuurlijk,' zei Uil. 'Het is per slot de tweede dag van de week.'
'O, zit dat *zo*?' zei Poeh.
'Goed, Uil,' zei ik. 'Maar wat komt er dan na tinsdag?'

'*Derdag*,' zei Uil.
'Uil, je haalt de hele boel door de war,' zei ik. 'Dit is de dag na dinsdag en het is geen *der*dag – ik bedoel, don*der*dag.'
'Wat is het dan wel,' vroeg Uil.
''t Is vandaag!' piepte Knorretje.
'Mijn lievelingsdag,' zei Poeh.

De onze ook. We vragen ons af waarom de geleerden er niet zo'n hoge pet van op hebben. Misschien komt dat doordat ze te Klunzig zijn om op zoiets eenvoudigs te komen.
Een nogal irritant trekje van geleerden is dat ze altijd Grote Woorden gebruiken die we niet allemaal begrijpen...

> 'Wel,' zei Uil, 'de geijkte procedure in zulke Zaken is de volgende.'
> 'Wat wil dat zeggen: "gekke proosduur"' vroeg Poeh. 'Want zie je, ik ben een beer met maar een Heel Klein Beetje Verstand en lange woorden, daar heb ik Last mee.'
> 'Het wil zeggen: "dat, wat er gedaan moet worden".'
> 'Nou, als 't dát betekent, dan heb ik er vrede mee,' zei Poeh nederig.

...En soms krijg je de indruk dat die intimiderende woorden dienen om te *zorgen* dat we 't niet begrijpen. Op die manier kunnen

geleerden zich Superieur voordoen en zullen ze er niet licht van worden verdacht dat ze Iets Niet Weten. Want welbeschouwd is het vanuit het gezichtspunt der geleerden praktisch een misdaad niet alles te weten.
Maar soms is de kennis van de geleerde een beetje moeilijk te vatten omdat hij niet schijnt aan te sluiten bij onze eigen wijze van ervaren. Met andere woorden, Kennis en Ervaring spreken niet noodzakelijkerwijs dezelfde taal. Maar heeft de kennis die stoelt op ervaring niet meer waarde dan kennis die dat niet doet? Het lijkt sommigen onder ons vrij voor de hand liggend dat een heleboel geleerden wat vaker naar buiten zouden moeten, om daar eens rond te snuffelen – een wandeling door het gras, een praatje met de dieren. Iets in die trant.

'Massa's mensen praten met dieren,' zei Poeh.
'Misschien wel, maar...'
'Maar *luisteren*, dat doen er niet veel,' zei hij.
'Da's nou juist het probleem,' voegde hij eraan toe.

Met andere woorden, je zou kunnen zeggen dat er aan Kennis iets meer vast zit dan 't alleen maar bij het rechte eind te hebben. Zoals de mystieke dichter Han-shan schreef:

Wang, de geleerde,
Bespotte mijn verzen.
Het metrum is pover,
Zei hij,
Het ritme niet juist,
De accenten verkeerd,
De woordkeus onbezonnen.

Ik lach om zijn verzen,
Zoals hij om de mijne.
Ze klinken
Als de woorden van een blinde
Die de zon beschrijft.

Als je, net als een geleerde, zit te worstelen met betrekkelijk onbelangrijke zaken, gebeurt het vaak dat je al maar Klunziger gaat doen. Poeh heeft de Klunzige geestesgesteldheid heel accuraat omschreven:

’s Maandags, als het mistig is,
Denk ik: Is het wel gewis,
Dat ik altijd duid’lijk zie,
of die wel deze zijn, of deze die?

Dinsdag bij verruk’lijk weer,
Vraag ik mij af, keer op keer,
Of het waar is, of níét waar
Dat daar soms hier is, en hier daar.

Als ’t woensdags regent dat het giet,
En men buiten niemand ziet,

Dan denk ik dikwijls: Vreemd is dat,
Dat wat soms wie is, en wie wat.

Als 't donderdags opeens gaat vriezen,
En ieder binnen zit te kniezen,
Denk ik er dikwijls over na,
Dat ja soms nee is, en nee ja.

Als 't vrijdags...'

Wat doet het er eigenlijk toe, of ja ja is, en nee nee? Voor de Anemische Klunzige Geleerde is het zeker weten van dingen, het plakken van etiketjes op dingen, de allerbelangrijkste bezigheid ter wereld. *Boom. Bloem. Hond.* Maar vraag ze niet de boom te snoeien, de bloem te planten, de hond uit te laten, tenzij je van Onaangename Verrassingen houdt. Dingen die leven en groeien, daar kunnen ze met hun pet niet bij, lijkt het wel.
Zeker, geleerden kunnen heel nuttig en nodig zijn, op hun eigen onvermakelijke wijze. Ze leveren een heleboel informatie. Alleen, er is nog Iets Meer en dat Iets Meer is nu juist hetgeen waar het leven werkelijk om draait.

Hee! 'Zeg Poeh, heb jij mijn andere potlood gezien?'
'Ik zag daarnet dat Uil ermee bezig was,' zei Poeh.

‘O, daar heb je ’t al. Wat is dit nou? “Aardvarkens en hun Aberraties”.’
‘Pardon?’ zei Poeh.
‘“Aardvarkens en hun Aberraties” – daar heeft Uil over zitten schrijven.’
‘O, doen ze dat?’ zei Poeh.
‘Moet je zien, dit potlood is helemaal afgekloven.’

Er is nog iets geks met Kennis, die van de geleerde, de wetenschapper, of wie dan ook: hij wil altijd de geest van het Ongekerfde Blok – want dat noemt hij Onwetendheid – de schuld geven van problemen die hij zelf schept, direct of indirect, door zijn eigen beperkingen, bijziendheid of onachtzaamheid. Als je bijvoorbeeld je huis bouwt op een plek waar de wind het omver kan blazen en het vervolgens grondig verwaarloost terwijl jij je druk maakt over de juiste spelling van *onmiddellijk*, wat zal er dan waarschijnlijk gebeuren? Precies. Dat weet toch iedereen? Maar wat heeft Uil te zeggen als zijn huis instort?

> ‘Poeh,’ zei Uil streng, ‘heb jíj dat gedaan?’
> ‘Nee,’ zei Poeh, ‘*dat* geloof ik niet.’
> ‘Wie dan?’
> ‘De wind, denk ik,’ zei Knorretje. ‘Ik denk dat je huis is omgewaaid.’

‘O, is dat het? Ik dacht dat Poeh het had gedaan.’
‘Nee,’ zei Poeh.

Laten we ons, bij wijze van slotopmerking over Kennis terwille van de Kennis, nog even een voorval uit *Het huis in het Poeh-hoekje* voor de geest halen. Iejoor was druk bezig Knorretje te intimideren met iets dat hij had gemaakt van drie stokjes...

‘Weet je wat dat betekent, een A, kleine Knor?’
‘Nee, Iejoor.’
‘Het betekent Opvoeding, het betekent Geleerdheid, het betekent alles wat jij en Poeh niet hebben. *Dat* betekent eenA.’
‘O!’ zei Knorretje. ‘Ik bedoel, zo, zo!’ legde hij haastig uit.
‘Wat ik je zeg. Ze komen en ze gaan hier in dit Woud en ze zeggen: “’t Is Iejoor maar, dus ’t

hindert niet." Ze lopen heen en weer en ze zeggen: "Ha, ha!" maar weten ze *iets* van een A af? Nee, dat weten ze *niet*. Voor hen is het niets anders dan drie stokken. Maar voor hen die Kennis vergaard hebben – let wel, kleine Knor – voor hen die Kennis vergaard hebben, en hiermee bedoel ik niet de Poehen en de Knorries, voor hen is het een heerlijke en geweldige A. En niet,' voegde hij eraan toe, 'niet zo maar iets, waar iedereen aan kan komen snuffelen.'

Toen kwam Konijn er juist aan...

'Er is iets dat ik je vragen wou, Iejoor. Wat gebeurt er tegenwoordig 's morgens met Janneman Robinson?'
'Wat is dit hier, waar ik naar sta te kijken?' zei Iejoor en hij keek er weer naar.
'Drie stokken,' zei Konijn dadelijk.
'Zie je?' zei Iejoor tegen Knorrie. Toen wendde hij zich tot Konijn. 'Nu zal ik je vraag beantwoorden,' zei hij plechtig.
'Dank je,' zei Konijn.
'Wat doet Janneman Robinson in de ochtenduren? Hij leert. Hij vergaart kennissen. Ik geloof dat dat de uitdrukking is die hij gebruikt, maar misschien heb ik het ergens anders over. En ik doe – op mijn bescheiden manier, als ik die uitdrukking goed heb – wat hij doet. Dit is bijvoorbeeld –'
'Een A,' zei Konijn, 'maar geen erg mooie. Nou, ik ga eens terug, om het aan de anderen te vertellen.'
Iejoor keek naar de drie stokken en toen naar Knorrie...

'Hij *wist* het? Je bedoelt dat een A iets is dat Konijn wist?'
'Ja, Iejoor. Hij is knap, Konijn!'
'Knap!' zei Iejoor toornig en hij zette zijn voorpoot zwaar op de drie stokken.
'Kennis!' zei Iejoor bitter en hij danste op zijn zes stokken.
'Wat betekent geleerdheid?' vroeg Iejoor en hij schopte zijn twaalf stokken in de lucht.
'Iets dat *Konijn* weet! Ha!'

Nou weet je 't.

'Ik weet iets wat Konijn niet weet,' zei Knorretje.
'O ja? Wat dan?' vroeg ik.
'Tja, ik weet niet meer hoe het heet, maar–'
'O ja. Daar gaan we 't juist over hebben,' zei ik.
'O, heette het *zo*?' zei Knorretje en wiebelde met zijn pootje.
'Tja, eens kijken...'

TINGELE-KLINGELE-BINGELE-BEL

Weet je nog dat Kanga en Roe in het Woud kwamen? Konijn besloot onmiddellijk ze niet aardig te vinden, omdat ze Anders waren. Daarna begon hij een manier te bedenken om ze weer weg te krijgen. Gelukkig voor iedereen mislukte dat plan, zoals dat nu eenmaal gaat met Schrandere Plannetjes, vroeg of laat.
De Schrandere Jongen kent per slot ook zijn beperkingen. Zijn werktuiglijk gevormde oordeel en zijn spitse opmerkingen blijken vaak op den duur niet te kloppen, omdat hij zich in eerste instantie nergens *echt* in verdiept. Net als in het geval van Konijn, moet hij dan later zijn meningen herzien, vanwege de dingen die hij niet heeft gezien toen hij die meningen vormde. Datgene wat iemand *werkelijk* anders maakt – uniek, in feite – is iets dat de Schrandere Jongen niet echt begrijpt.
Dat bijzondere Iets zullen we hier Innerlijke Aard noemen. Aangezien onze intellectuele vermogens dat begrip bij lange na niet kunnen meten of bevatten, zullen we het ons door *Poeh*

laten uitleggen, hetgeen hij zal doen aan de hand van het Tingele-Klingele-Bingele-Bel-Principe.

'Eh... (kuch) ... A*hum*.'

Excuseert u mij even?

'Ja, Poeh?'
'*Ik* dat uitleggen?' zei Poeh van achter zijn poot.
'Eh, ja – dat leek me wel aardig.'
'Waarom leg *jij* het niet uit?' vroeg Poeh.
'Tja, ik dacht toch dat 't op de een of andere manier beter zou zijn als *jij* het deed.'
'Dat lijkt me niet zo'n goed idee.' zei Poeh.
'Waarom niet?'
'Omdat ik dingen door elkaar hussel als ik ze uitleg,' zei hij. 'Daarom.'
'Goed dan, ik zal het uitleggen en jij helpt me zo nu en dan een handje. Hoe lijkt je dat?'
'Dat lijkt er meer op,' zei Poeh.

Eens zien. Het Tingele-Klingele-Bingele-Bel-Principe is gebaseerd op een liedje dat Poeh zong in *Winnie-de-Poeh*. Dat ging zo van...
'Zeg, Poeh? 't Is misschien wel goed als je 't nog een keertje zingt, voor 't geval er iemand is die het vergeten is.'
'Tuurlijk,' zei Poeh. 'Eh, even kijken ... (*ahum*),'

Tingele-klingele-bingele-bel,
Een vlieg vogelt niet, maar een vogel vliegt wel,
Geef mij een raadsel en m'n antwoord zal zijn:
Tingele-klingele-tingele-tijn.

Tingele-klingele-bingele-bel,
Een vis kan niet fluiten, maar kan ik het wel?
Geef mij een raadsel en m'n antwoord zal zijn:
Tingele-klingele-tingele-tijn.

Tingele-klingele-bingele-bijs,
Waarom doen kippen soms zo onwijs?
Geef mij een raadsel en m'n antwoord zal zijn:
Tingele-klingele-tingele-tijn.

Ziezo, laten we beginnen met – Au! O ja. 'Dat was heel leuk, Poeh.'
'Och, 't mag geen naam hebben.'

Laten we beginnen met het eerste stukje: 'Een vlieg vogelt niet, maar een vogel vliegt wel.' Heel simpel en nogal voor de hand liggend, nietwaar? Maar je zou ervan staan te kijken hoeveel mensen dit eenvoudige principe elke dag van hun leven geweld aandoen door te proberen vierkante dekseltjes op ronde doosjes te zetten, terwijl ze voorbij zien aan de simpele werkelijkheid dat de Dingen Zijn Zoals Ze Zijn. Dat zullen we illustreren met een voorbeeld uit de geschriften van Tsjoeang-tse:

Hoei-tse zei tegen Tsjoeang-tse: 'Ik heb een grote boom waar geen houtzager iets mee kan beginnen. De stam en de takken zijn krom en weerbarstig, een en al hobbels en knoesten. Geen timmerman zou hem een blik waardig keuren. Uw leer is precies hetzelfde – nutteloos, waardeloos. Daarom wil er niemand naar luisteren.'
'Zoals u weet,' antwoordde Tsjoeang-tse, 'is een kat zeer bedreven in het vangen van zijn prooi. Als hij ineenduikt, kan hij elke willekeurige kant uit springen om zijn slachtoffer na te jagen. Maar wanneer zijn aandacht op de prooi is gericht, kun je hem gemakkelijk vangen met een net. Een groot dier als een yak, daarentegen, is niet zo eenvoudig gevangen of bedwongen. Hij staat als een rots, als een wolk aan de hemel. Maar hoe sterk hij ook is, een muis vangen kan hij niet.
U klaagt dat uw boom waardeloos is als timmerhout. Maar u zou gebruik kunnen maken van de schaduw die hij biedt, kunnen rusten onder zijn beschuttende takken, er omheen kunnen wandelen om zijn uiterlijk en karakter te bewonderen. De bijl zal hem niet bedreigen, dus wat kan zijn bestaan dan nog in gevaar brengen? Hij is slechts nutteloos voor u omdat u er iets anders van wilt maken en hem niet op zijn eigen wijze wilt benutten.'

Met andere woorden, alles heeft zijn eigen plaats en functie. Dat geldt ook voor mensen, ofschoon velen het niet schijnen te beseffen, als je bedenkt hoe ze vastzitten in de verkeerde baan, het verkeerde huwelijk, het verkeerde huis. Wanneer je je eigen Innerlijke Aard kent en respecteert weet je waar je thuishoort. Je weet ook waar je *niet* thuishoort. Wat voedsel is voor de een, is vaak vergif voor de ander, wat voor sommige mensen heel aantrekkelijk en opwindend is, kan voor anderen een gevaarlijke valstrik zijn. Een voorval uit het leven van Tsjoeang-tse geeft daar een voorbeeld van:

> Terwijl hij aan de oever van de rivier de P'oe zat, werd Tsjoeang-tse benaderd door twee afgezanten van de prins van Tsj'oe, die hem een positie aan het hof aanboden. Tsjoeang-tse keek naar het voortstromende water alsof hij hen niet had gehoord. Ten slotte merkte hij op: 'Ik heb gehoord dat de prins een heilige schildpad bezit van meer dan tweeduizend jaar oud, die wordt bewaard in een kist, gewikkeld in zijde en brokaat.' 'Dat is waar,' antwoordden de hovelingen. 'Als de schildpad voor de keuze was gesteld,' vervolgde Tsjoeang-tse, 'wat denkt u dan dat hij liever had gedaan – leven in de modder of dood zijn in het paleis?' 'Leven in de modder, natuurlijk,' antwoordden de hovelingen. 'Ook ik geef de voorkeur aan de modder,' zei Tsjoeang-tse. 'Goedendag.'

'Ik hou ook van modder,' zei Poeh.

'Eh... ja, maar daar gaat het nou niet –'

'Op een warme zomerdag; kan niks aan tippen,' zei hij.

'Maar het punt is –'

''t Houdt je lekker koel,' zei hij.
'Dat is nou niet belangrijk, Poeh,' zei ik.
'O *nee*?' vroeg hij, op enigszins geschokte toon.
'Ik bedoel dat er andere dingen –'
'Hoe weet je dat?' zei Poeh. 'Heb je 't weleens geprobeerd?'
'Nee, maar –'
''t Mooiste wat je hebben kan op een hete zomerdag,' ging hij verder, terwijl hij onderuit zakte en zijn ogen dichtdeed. 'Aan de rivier, helemaal onder de modder...'
'Hoor eens hier, Poeh –'
'Modder is lekker,' zei Knorrie, terwijl hij naar de schrijftafel dribbelde en naar ons opkeek. 'Daar krijg je kleur van op je velletje.'
'Ik kan niet zeggen dat *ik* er ooit iets aan heb gevonden,' zei Uil, die naar ons toegevlogen kwam en op de lamp ging zitten balanceren. 'Het plakt aan je veren. Nogal onaangenaam, eigenlijk.'
'Zie je nou?' zei ik. 'Iedereen is anders. Daar hadden we 't nu net over.'
'Ik dacht dat we 't over modder hadden,' zei Knorretje.
'Ik ook,' zei Poeh.
'Zo, ik moet weer eens aan mijn encyclopedie,' zei Uil.

En laten we nu, als het lukt, eens verdergaan naar het tweede couplet: 'Een vis kan niet fluiten, maar kan ik het wel?' Zo'n uitspraak betekent, als hij van een wijs mens komt, de erkenning van zekere beperkingen. Zo iemand zal daar ook naar handelen. Het hindert helemaal niet of je wel of niet kunt fluiten, vooral als je toevallig een vis bent. Maar het hindert wel degelijk of je blindelings dingen probeert te doen waarvoor je niet geschikt bent. Vissen wonen niet in bomen en vogels brengen als het even kan niet al te veel tijd door onder water. Jammer genoeg zijn sommige *mensen* – die altijd schijnen te denken dat ze slimmer zijn dan vogels en vissen – niet zo wijs, waardoor ze op den duur voor zichzelf en anderen flink wat problemen scheppen.

Dat wil niet zeggen dat we moeten ophouden met groeien en veranderen. Het betekent alleen dat we moeten inzien Wat Er Is. Als je inziet dat je, bijvoorbeeld, zwakke spieren hebt kun je daar iets aan doen en op den duur sterk worden. Maar als je negeert Wat Er Is en iemands auto uit een sloot probeert te tillen, wat is dan het effect op je conditie? En ook al heb je meer spierkracht dan de hele rest van het mensdom, dan nog kun je geen goederentrein omverduwen. De wijze kent zijn beperkingen; de dwaas niet.

Om te laten zien wat we bedoelen is er geen beter voorbeeld te bedenken dan Teigetje, die zijn eigen beperkingen niet kent.
O, neem me niet kwalijk, hij zegt dat hij ze nu *wel* kent.
Goed, maar laten we ons in elk geval nog eens voor de geest halen hoe hij er één van leerde kennen. Roe en Teigetje waren op een ochtend in het Woud aan het wandelen en Teigetje praatte over alle dingen die Teigetjes zoal kunnen doen…

> 'Kunnen ze vliegen?' vroeg Roe.
> 'Ja,' zei Teigetje, 'ze zijn goede Vliegers, Teiges! Reuzevliegers!'
> 'Ooo!' zei Roe. 'Kunnen ze wel zo goed vliegen als Uil?'
> 'Ja,' zei Teigetje, 'ze willen alleen maar niet.'

En nadat ze nog een poosje in dezelfde trant hadden doorgepraat, kwamen ze bij de Zes Pijnbomen:

> 'Ik kan zwemmen,' zei Roe. 'Ik ben eens in de rivier gevallen en toen zwom ik. Kunnen Teigetjes zwemmen?'
> 'Tuurlijk! Teigetjes kunnen alles.'
> 'Kunnen ze beter in bomen klimmen dan Poeh?'
> 'Bomen klimmen kunnen ze 't allerbest. Veel beter dan Poehs.'

En voor ze 't wisten zaten ze in de hoogste pijnboom en konden niet meer terug. Ja, ja. Niet zo best.
Maar toen kwamen Poeh en Knorretje er aan en natuurlijk had Poeh meteen door wat er aan de hand was. Nou ja, niet *meteen*...

'Het is een Jagular,' zei hij.
'Wat doen Jagulars wel eens?' vroeg Knorretje, in de hoop dat ze 't nu niet zouden doen.
'Ze verstoppen zich in de takken van bomen en laten zich vallen als je er onderdoor loopt,' zei Poeh. 'Dat heeft Janneman Robinson me verteld.'
'We moesten er maar liever niet onderdoor lopen, Poeh. Hij mocht eens vallen en zich bezeren.'
'Ze bezeren zich niet. 't Zijn zulke verbazend Goeie Vallers.'

Knorretje bleef het gevoel houden dat het een vergissing zou zijn om onder een verbazend Goeie Valler te gaan staan, en hij wou juist hard teruglopen om iets te gaan halen dat hij vergeten had, toen de Jagular iets tegen hen riep.
'Help, help,' riep hij.
'Dat doen Jagulars nou juist altijd,' riep Poeh opgewonden. 'Ze roepen help, help, en als je dan opkijkt, laten ze zich boven op je vallen.'

Maar tenslotte kwamen Janneman Robinson en Iejoor er aan en werd er een Vangzeil geconstrueerd. Toen sprong Roe naar beneden en was Gered en toen sprong Teigetje (min of meer) en was Gered (min of meer):

Er was een gekraak en een geluid alsof er iets scheurde en een verwarde hoop van hen allemaal op de grond.
Janneman Robinson en Poeh en Knorrie raapten eerst zichzelf op en toen raapten ze Teigetje op en het alleronderste lag Iejoor.

'Je had iedereen wel een hoop last bezorgd, hè Teigetje?'
'Maar ik heb er wel van geleerd,' zei hij een beetje ontwijkend.
'Heus waar?'
'Tuurlijk. Zóiets zal je me echt niet meer zien doen,' zei hij, alsof hij 't zelf wel een beetje geloofde.

'Dat is mooi,' zei ik. 'Was je ergens op weg naar toe?'
'Ja,' zei hij. 'Roe en ik gaan zwemmen.'
'O. Nou vergeet dan niet een eindje touw mee te nemen.'
'Een eindje touw? Waarom een eindje touw?' zei Teigetje.
'O, voor 't geval je iemand in het water ziet vallen,' zei ik.
'Waarom heb *ik* daar nou niet aan gedacht?' zei Teigetje.

Deze spreuk uit de Chinese geneeskunst is hier wel op zijn plaats: 'Eén ziekte, lang leven; geen ziekte, kort leven.' Met andere woorden, mensen die weten wat er mis met ze is en daar het nodige aan doen zullen doorgaans heel wat langer leven dan zij die denken dat ze blaken van gezondheid en hun zwakke punten verwaarlozen. Dus in die zin kan een Zwakheid hier of daar je in elk geval nog een grote dienst bewijzen, *als* je wilt inzien dat hij er is. Het zelfde geldt voor je beperkingen, of Teigetjes dat nu weten of niet – en Teigetjes weten het meestal niet. Dat is juist de moeilijkheid met Teigetjes: die kunnen *alles*. Heel ongezond.
Heb je je beperkingen eenmaal onder ogen gezien en begrepen, dan kun je er *mee* werken, in plaats dat ze je tegenwerken en in de weg

zitten, hetgeen ze doen als je ze negeert, of je dat nu beseft of niet. En dan zal je ontdekken dat je beperkingen in veel gevallen je kracht kunnen zijn.
Bijvoorbeeld, toen Uils huis inzakte, wie kon er toen ontsnappen, hoewel er een zware tak voor de deur zat en de brievenbus de enige uitgang was?

Knorretje, dat Heel Kleine Diertje.

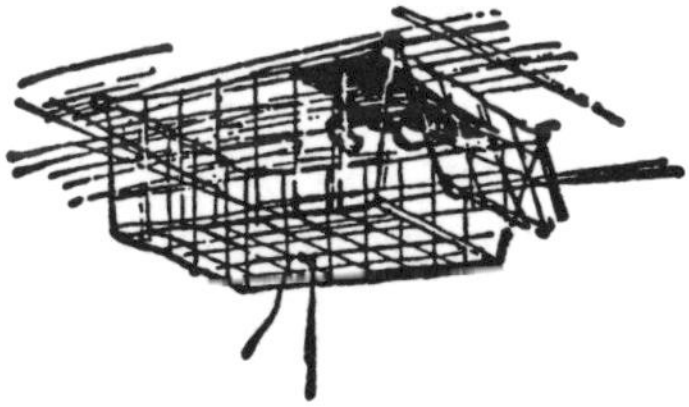

En nu het laatste gedeelte van het principe: ‘Waarom doen kippen soms zo onwijs?’
Ja, waarom doen kippen zoals ze doen? Je weet het niet? Wij ook niet. En alle anderen ook niet. De Wetenschap mag graag pedant rondstappen en Schrander Doen door overal etiketjes op te plakken, maar als je die eens van dichtbij bekijkt, merk je dat die eigenlijk niet zoveel zeggen. ‘Genen’? ‘DNA’? Daar raak je alleen de oppervlakte mee. ‘Instinct’? We weten maar al te goed wat *dat* betekent:

NIEUWSGIERIGE: ‘Waarom vliegen vogels eigenlijk voor de winter naar het zuiden?’
WETENSCHAP: ‘Instinct.’

Dat betekent: ‘Dat weten we niet.’
Het punt is, dat we het eigenlijk niet *hoeven* te weten. We hoeven de Bijziende Wetenschapsman niet na te bootsen, die naar de wereld zit te turen door een elektronenmicroscoop en achter antwoorden probeert te komen die hij nooit zal vinden, terwijl hij in werkelijkheid alleen maar nog meer vragen opwerpt. We hoeven de Abstracte Filosoof niet uit te hangen, door onnodige vragen te stellen en met zinloze antwoorden te komen. Wat we wel hoeven, dat is de Innerlijke Aard ontdekken en omgaan met de Dingen Zoals Ze Zijn. Doen we dat niet, dan

raken we in moeilijkheden.
Daar kwamen Poeh en Knorretje achter toen ze een Flipperdeflap probeerden te vangen. Aangezien ze eigenlijk niet wisten wat Flipperdeflappen lekker vinden, nam Knorretje maar aan dat ze op eikels zouden afkomen en dacht Poeh... maar wacht even, je weet toch nog wel wat een Flipperdeflap is?

> Eens op een dag, toen Janneman Robinson en Winnie-de-Poeh en Knorretje gezellig met elkaar zaten te praten en te eten, zei Janneman Robinson, nadat hij zijn laatste mondjevol had doorgeslikt, zo langs zijn neus weg: 'Zeg Knorrie, ik heb vandaag ook een Flipperdeflap gezien.'
> 'Wat deed-ie?' vroeg Knorretje.
> 'Hij flapperde zo'n beetje rond,' zei Janneman Robinson. 'Ik geloof niet dat hij *mij* zag.'
> 'Ik heb er ééns een gezien,' vertelde Knorretje. 'Tenminste, ik geloof dat 't er een was. Maar 't kan ook wel zijn dat 't er geen geweest is.'
> 'Ze vertonen zich niet vaak,' zei Janneman Robinson onverschillig.
> 'Nee, tegenwoordig niet meer,' zei Knorretje.
> 'Tenminste niet in deze tijd van 't jaar,' merkte Poeh op.

Dat is dus een Flipperdeflap. En Poeh en Knorrie besloten er een te vangen. Het plan begon goed...

Poehs eerste gedachte was, een Heel Diepe Put te graven en als dan de Flipperdeflap daar voorbijkwam, dan zou hij in die Put vallen, en...
'Waarom?' vroeg Knorretje.
'Waarom wat?' vroeg Poeh.
'Waarom zou hij erin vallen?'
Poeh wreef zijn neus met zijn poot en zei dat de Flipperdeflap daar misschien wel voorbij zou komen, een deuntje fluitend en naar de lucht kijkend of 't misschien ook zou gaan regenen en dan zou hij de Heel Diepe Put niet zien voordat hij al half op de bodem was en *dan* zou 't te laat zijn.
Knorrie vond dat zo'n Put wel een goeie Val zou zijn – maar als 't nu al eens *was* begonnen te regenen?
Poeh wreef zijn neus weer met zijn poot en zei toen dat hij daar niet aan gedacht had. Maar toen keek hij opeens weer vrolijk, want hij had bedacht dat de Flipperdeflap, als 't regende, natuurlijk evengoed naar de lucht zou kijken om te zien of die niet haast eens een beetje zou *opklaren*; dan zou hij de Heel Diepe Put óók niet eerder opmerken dan wanneer hij al half op de bodem was... En *dan* zou 't te laat zijn.
En Knorrie zei dat hem zo'n Heel Diepe Put, nu Poeh dat laatste punt had opgehelderd, een Echt Slimme Val leek.
Poeh voelde zich heel trots toen Knorrie dit zei en hij kreeg een gevoel alsof de Flipperdeflap nu al zo goed als gevangen was; maar nu was er nog één ding, dat ze samen moesten beslissen en dat was dit: *Waar zouden ze de Heel Diepe Put graven*?
Knorretje zei dat ze een plaats moesten uitzoeken

waar een Flipperdeflap liep te wandelen, juist vóórdat hij erin viel – alleen maar een paar meter verderop.
‘Maar dan zou hij ons zien graven!’ riep Poeh.
‘Niet als hij naar de lucht liep te kijken.’

Dat klinkt gemakkelijk, vind je niet? Eens kijken, eerst graaf je een kuil...

...en let er goed op dat hij groot genoeg is voor een Flipperdeflap.

En de beste manier om ervoor te zorgen dat de Flipperdeflap in de Val terechtkomt als je die eenmaal hebt gemaakt, is er iets in te stoppen dat Flipperdeflappen lekker vinden, zoals een zakje pinda's of...

'Honing,' zei Poeh.

'*Honing?*'

'Een potje honing,' zei Poeh.

'Weet je 't zeker?'

'Een grote pot honing,' hield Poeh vol.

'Wie heeft er nou ooit gehoord dat Flipperdeflappen *honing* lusten? Plakkerig, stroperig... Hoe zouden ze ooit –'

''t Allerbeste,' zei Poeh.

Goed dan, *honing*. Je zet de honing in de Val en voor je 't weet vang je een...

Hmmm. Hier is iets misgegaan. Dat is geen Flipperdeflap. Maar wat dan wel? Misschien komt Knorretje daar wel achter als hij gaat kijken wat er in de Val zit.

'Help! Help!' gilde Knorretje, 'een Flipperdeflap! Een gruwelijke Flipperdeflap!'
En hij holde weg zo hard hij maar kon, aldoor luid gillend: 'Help, help! Een Flipperlijke Flipperdeflap! Flip, Flap! Een Flappelijke Flopperdeflip!' en hij hield niet eerder op met hollen en gillen, dan toen hij voor het huis van Janneman Robinson stond.
'Wat is er toch aan de hand, Knorretje!' riep Janneman Robinson, die juist uit zijn bed stapte.
'Flip...' zei Knorrie, zó buiten adem dat hij bijna geen woord kon uitbrengen, 'een Flip-Flop- een Flipperdeflap!'
'Waar?'
'Daarginds,' antwoordde Knorretje, met zijn poot wuivend.
'Hoe ziet hij eruit?'
'Als – als – o, hij had de grootste kop die je ooit gezien hebt. Janneman Robinson! Een grote, monsterachtige kop! Zo groot – als – als niets! Een grote kop, zie je? – Ja – ik weet 't zelf niet – zo groot als een monsterachtige niets! – Als een grote pot!'

Dus die honing was toch niet zo'n goed lokmiddel geweest, achteraf bekeken. Wij dachten ook al dat het eigenlijk niet bij de Aard van de Flipperdeflap paste, op de een of andere manier.

Nu we het principe kennen, kunnen we – 'O, ben jij dat, Poeh?'
'Moffelwoffel moffelwoffel *Tingele-Klingele-Bingele-Bel* moffelwoffel.'
'*Wat* zei je?'
'Je moet ze over *Tingele-Klingele-Bingele-Bel* vertellen – wat het betekent,' mompelde Poeh, nu iets duidelijker.
'Dat heb ik net gedaan,' zei ik.
'Ja, maar ik bedoel dat je ze moet zeggen waar het voor *staat*,' zei Poeh hoopvol.
'O ja, natuurlijk. Dank je wel, Poeh.'

Poeh wilde ons dus even duidelijk maken dat *Tingele-Klingele-Bingele-Bel* gewoon een andere manier is om te zeggen: *Innerlijke Aard.* Dus als je die term in de plaats stelt van de laatste regel van elk couplet, krijg je:
Geef mij een raadsel en m'n antwoord zal zijn: Innerlijke Aard.
Hmmm.
'Nou rijmt het niet,' zei Poeh.
'En wat dacht je dan hiervan, Poeh?'

Geef mij een raadsel en m'n antwoord zal zijn:
De Dingen, de Dingen, Zoals Ze Zijn.
'Beter... Maar nou rijmt het weer teveel.'
'Goed dan, wat vind je hiervan?'

Geef mij een raadsel en m'n antwoord zal zijn:
Tingele-Klingele-Tingele-Tijn.

'Precies goed,' zei Poeh.

Nu we het principe kennen, kunnen we gaan kijken naar de toepassing ervan. Zoals we waarschijnlijk inmiddels wel hebben ingezien, zijn er geen twee sneeuwvlokken, bomen of dieren hetzelfde. Evenmin zijn er twee *mensen* hetzelfde. Alles bezit zijn eigen Innerlijke Aard. Maar in tegenstelling tot andere levensvormen, laten mensen zich gemakkelijk afbrengen van hetgeen goed voor hen is, omdat mensen een Brein hebben en het Brein kun je voor de gek houden. Je Innerlijke Aard laat zich, wanneer je erop vertrouwt, niet voor de gek houden. Maar veel mensen kijken en luisteren er niet naar en begrijpen daardoor niet bijster veel van zichzelf. Doordat ze weinig zelfkennis hebben, hebben ze ook weinig respect voor zichzelf en laten zich gemakkelijk door anderen beïnvloeden.
Maar in plaats van ons te laten meeslepen door

omstandigheden en manipuleren door anderen die de, door onszelf genegeerde, zwakheden en gedragspatronen wél doorzien, kunnen we juist gebruik maken van onze eigenschappen en ons eigen leven bepalen. De Weg van het Zelfvertrouwen begint met het erkennen van wie we zijn, wat we al dan niet in onze mars hebben en hoe we daar het beste gebruik van kunnen maken.

'Hoe zou *jij* het uitleggen, Poeh?'

'Met een liedje,' zei hij. 'Een niemendalletje dat ik net verzonnen heb.'

'Ga je gang.'

'Jazeker... (kuch).'

Is je eigenlijk wel bekend
Wie en Wat en Hoe je bent?
En Wat heb je in je mars,
of interesseert je dat geen snars?
Hoe maak je nu de goeie keus
Uit al die dingen voor je neus
Als je niet weet van Hoe en Wat?
Doe je nu dit of doe je dat,
't Blijft steeds maar vallen op je gat!
Want al het mooie in 't verschiet,
Daarvan weet je immers niet,
Als je niet weet van deze drie:
Hoe en Wat en Wie.

'Dat was het,' zei Poeh, terwijl hij onderuit zakte en zijn ogen dichtdeed.
'Een Meesterwerkje.'
'Och, boven de middelmaat, misschien.'

Vroeg of laat, we ontkomen er niet aan, ontdekken we dingen over onszelf die ons niet aanstaan. Maar hebben we eenmaal gezien dat die er zijn, dan kunnen we beslissen wat we ermee willen doen. Willen we er helemaal vanaf, ze in iets anders veranderen of ze op een positieve manier aanwenden? Vooral de laatste twee benaderingswijzen kunnen vaak Bruikbaar zijn, omdat ze directe conflicten voorkomen en daardoor zorgen dat er een minimum aan strijd ontstaat. Bovendien vormen die getransformeerde eigenschappen een aanvulling van de lijst dingen die we hebben om ons verder te helpen.
Op een soortgelijke manier kunnen we, in plaats van de strijd aan te binden met wat men 'negatieve emoties' noemt, om te proberen ze uit te bannen, leren die gevoelens op een positieve manier te gebruiken. We zouden dit principe zo kunnen beschrijven: Door op de pianotoetsen te timmeren mag je dan een hoop herrie produceren, maar door ze weg te halen stimuleer je het scheppen van muziek nu ook niet bepaald. De principes van Muziek en

Leven liggen niet zover uit elkaar, dachten wij.

'Dacht je ook niet, Poeh?'
'Dacht ik *wat*?' zei Poeh, terwijl hij zijn ogen opendeed.
'Muziek en Leven –'
'Komt op 't zelfde neer,' zei Poeh.

Dat dachten wij nu ook. Dus in plaats van onszelf tegen te werken, hoeven we in veel gevallen niets anders te doen dan onze zwakheden of onaangename trekjes om te buigen in een andere richting.
Het volgende voorval, opgetekend door de Taoïst Lioe An, kan als voorbeeld dienen:

> In de staat Tsj'oe was een inbreker die soldaat werd onder generaal Tzoe-fa, een man die erom bekend stond dat hij de gaven van anderen in hoogst opmerkelijke mate wist te benutten.
> Enige tijd later werd Tsj'oe aangevallen door het leger van de staat Tsj'i. Tzoe-fa's manschappen rukten uit om de aanval te keren, maar werden driemaal teruggeslagen. Terwijl de strategen van Tsj'oe zich het hoofd braken, werd de vijandelijke krijgsmacht gestaag sterker.
> Terwijl de zaken zo stonden trad de inbreker naar voren en vroeg om een kans zijn medewerking te verlenen aan de verdediging van Tsj'oe. De generaal willigde zijn verzoek in.
> Die nacht sloop de inbreker het kamp van Tsj'i in, ging de tent van de generaal binnen en nam de

gordijnen rond zijn bed weg. Tzoe-fa liet ze de volgende ochtend door een speciale gezant terugbezorgen, met een briefje waarin werd verklaard dat ze waren gevonden door enkele mannen die sprokkelhout gingen verzamelen.
De volgende nacht nam de inbreker het hoofdkussen van de vijandelijke generaal weg.
De volgende ochtend werd het teruggebracht met een soortgelijke boodschap als de eerste maal.
De derde nacht nam de inbreker de jade haarspeld van de generaal weg. Die werd de volgende ochtend teruggebracht.
Die dag riep de generaal van Tsj'i zijn officieren bijeen. 'Nog één nacht,' waarschuwde hij hen, 'en dan is het mijn *hoofd*!' De troepen kregen bevel het kamp op te breken en huiswaarts te keren.

Dus eigenschappen kunnen nooit te slecht, te nutteloos of te gering zijn. Het hangt er alleen maar van af wat je ermee doet. Zoals Lao-tse stelde, het slechte kan een grondstof zijn voor het goede.

Dus heel vaak is de gemakkelijkste manier om van een Min af te komen hem in een Plus te veranderen. Je zult trouwens weleens merken dat eigenschappen die je zo grondig uit de weg probeert te ruimen, op den duur toch weer terugkomen. Maar als je de dingen goed aanpakt, zullen ze op een goede manier terugkomen. En soms kunnen juist de neigingen waar je zo'n gloeiende hekel aan hebt, op het juiste moment en de juiste plaats de kop opsteken, zodat ze je op een of andere manier het leven redden. Als je dat ooit is overkomen, bedenk je je wel twee keer voordat je aan de slag gaat om het Springen en Stompen grondig af te leren.

Wat we bedoelen met dat Springen en Stompen? Je weet toch nog wel van die keer met Teigetje...?

'Hoe kwam het dat je erin viel, Iejoor? vroeg Konijn, die hem met Knorretjes zakdoek stond af te drogen.

'Ik viel er niet in,' zei Iejoor.

'Maar hoe –'

'Ik werd er INGESTOMPT,' zei Iejoor.

'Oo!' zei Roe opgewonden, 'heeft iemand je een duw gegeven?'

'Iemand STOMPTE me. Ik stond juist te denken bij de rivier – te denken, als er iemand onder jullie is die weet wat dat betekent – toen ik opeens een harde STOMP ontving.'

'O! Iejoor!' zei iedereen.

'Weet je zeker dat je niet uitgleed?' vroeg Konijn wijs.

'Natuurlijk gleed ik uit. Als jij aan de oever van een glibberige rivier staat en iemand geeft jou van achter een harde STOMP, dan glij jij ook uit. Wat dacht je anders dat ik doen zou?'

'Maar wie heeft dat gedaan?' vroeg Roe.

Iejoor gaf geen antwoord.
''t Was vast Teigetje,' zei Knorretje benauwd.
'Maar, zeg Iejoor,' zei Poeh, 'was het maar een grapje, of een Ongeluk, ik bedoel –'
'Ik ben niet blijven wachten om dat te vragen, Poeh. Zelfs toen ik zoveel als op de bodem van de rivier was, bleef ik niet wachten om mezelf af te vragen: Is dit een Kostelijke Grap of het meest onverwachte Toeval? Ik dreef eenvoudig naar de oppervlakte en zei bij mezelf: "'t Is nat." Als je begrijpt wat ik bedoel.'

Dus om Teigetje het Springen en Stompen af te leren, kwam Konijn weer met een van zijn beroemde plannetjes: Konijn, Poeh en Knorretje zouden Teigetje meenemen naar het hoogste punt van het Woud, naar een plek waar hij nog nooit was geweest, en hem daar kwijtraken. En vanaf dat ogenblik zou hij een Klein en Berouwvol Teigetje zijn dat niet meer sprong en stompte. Dat heb je nou aan Knapheid, zoals Iejoor misschien zou zeggen, want het liep allemaal heel anders: Konijn zorgde ervoor dat iederéén verdwaalde, hijzelf incluis. Dat wil zeggen, iedereen behalve Teigetje. Het is nu eenmaal zo dat Teigetjes niet verdwalen, zelfs niet in de mist op het hoogste punt van het Woud. En dat bleek heel Nuttig. Want ofschoon Poeh en Knorretje na een poosje de weg naar huis vonden . . .

‘Waar is Konijn?’

‘*Dat* weet ik niet,’ zei Poeh.

‘Oh – nou, Teigetje zal hem wel vinden, denk ik. Hij is zo’n beetje op zoek naar jullie allemaal.’

‘Nou,’ zei Poeh. ‘Ik moet eens naar huis ergens voor – en Knorrie ook – omdat we ’t nog niet gehad hebben, en . . .’

‘Ik ga mee kijken,’ zei Janneman Robinson.

En zo ging hij dus met Poeh mee naar huis en keek een hele poos en terwijl hij zo zat te kijken, sprong Teigetje maar door het Woud en kefte naar Konijn. En eindelijk werd het gehoord door een Klein en Berouwvol Konijntje. En dat Kleine Berouwvolle Konijntje holde door de mist heen, naar het gekef toe, en toen veranderde het gekef opeens in een Teigetje, een Vriendschappelijk Teigetje, een Reuze-Teigetje, een Groot en Helpend Teigetje, een Teigetje dat sprong en stompte, *als* je het stompen mocht noemen, juist op die prachtige, springende manier die bij een Teigetje hoort.

‘O, Teigetje, ik ben toch zó blij dat je er bent!’ riep Konijn.

Wanneer hield het Lelijke Jonge Eendje uit het sprookje op zich Lelijk te voelen? Toen hij ontdekte dat hij een Zwaan was. Ieder van ons

heeft ergens van binnen iets Bijzonders, een soort Zwaan, verstopt zitten. Maar zo lang we niet inzien dat die er is, wat kunnen we dan anders doen dan rondspetteren en watertrappen?
Er zijn dingen in onszelf waar we van af moeten; er zijn dingen die we moeten veranderen. Maar tegelijkertijd hoeven we niet zo wanhopig, zo meedogenloos, zo strijdlustig te zijn. Op de weg naar een zinvolle en gelukkige manier van leven zullen vele van die dingen uit zichzelf wel veranderen en aan de rest kunnen we onderweg iets doen. Het eerste wat ons te doen staat is onze eigen Innerlijke Aard te herkennen en te vertrouwen en hem niet uit het oog te verliezen. Want in het Lelijke Eendje zit een Zwaan, in het springerige Teigetje zit een Grote Redder die de Weg kent en in ieder van ons zit iets Bijzonders en dat moeten we behouden.

Een hele poos stonden ze te kijken naar de rivier beneden ze, en ze zeiden niets en de rivier zei ook niets, want die voelde zich heel rustig en vredig op deze zomermiddag.
'Teigetje *is* heus heel geschikt,' zei Knorretje lui.
'Tuurlijk,' zei Janneman Robinson.
'Iedereen *is* heus heel geschikt,' zei Poeh. 'Dat vind *ik* tenminste,' zei Poeh. 'Maar ik zal wel geen gelijk hebben, denk ik,' zei hij.
'Tuurlijk *wel*,' zei Janneman Robinson.

DE POEH-MANIER

> Tegen de tijd dat de beek bij de rand van het Woud was gekomen, was hij groot geworden, zodat hij nu bijna een rivier was, en nu hij groot was, holde en danste en spatte hij lang niet meer zo als toen hij nog jong was, maar bewoog zich langzamer. Want nu wist hij waarheen hij ging en hij zei bij zichzelf: 'Er is geen haast bij. We zullen er weleens komen, op een dag.'

Nu zijn we gekomen bij hetgeen je het meest karakteristieke element van het Taoïsme-in-actie zou kunnen noemen. In het Chinees kent men het onder de naam *Woe Wei*. Het is ook het meest karakteristieke element van Poeh-in-actie. In onze taal kent men het onder helemaal geen naam. Wij vinden dat het tijd wordt dat er eens iemand aandacht aan schenkt en het een naam geeft, dus zullen we het de Poeh-Manier noemen.

Letterlijk betekent *Woe Wei*: 'Zonder doen, veroorzaken of maken'. Maar praktisch gesproken betekent het zonder bemoeizuchtige, strijdlustige of egocentrische inspanning.

Het is waarschijnlijk niet voor niets dat het

karakter *Wei* is ontstaan uit de symbolen voor een klauwende hand en een aap, want de term *Woe Wei* betekent: niet indruisen tegen de aard der dingen; geen slimme foefjes, geen apestreken.
De doelmatigheid van *Woe Wei* is als die van water dat over en langs de rotsen stroomt die het op zijn weg vindt – niet de werktuiglijke, rechtelijn-benadering die doorgaans uiteindelijk tot kortsluiting van de natuurwetten leidt, maar een handelwijze die voortkomt uit een innerlijk aanvoelen van het natuurlijke ritme der dingen.
Laten we een voorbeeld nemen uit de geschriften van Tsjoeang-tse:

> Bij de Kloof van Lu stort de grote waterval zich honderden meters in de diepte; de nevel van fijne waterdeeltjes die erboven hangt is kilometers ver zichtbaar. In het kolkende water beneden is nooit een levend wezen te zien.
> Op zekere dag stond K'oeng Foe-tse op enige afstand van de oever, toen hij plotseling een oude man zag, die in het woelige water heen en weer werd geslingerd. Hij riep zijn volgelingen en gezamenlijk renden zij naar de waterkant om de drenkeling te redden. Maar tegen de tijd dat ze daar aankwamen, was de oude man al op de oever geklauterd en liep, voor zich heen neuriënd, weg.
> K'oeng Foe-tse haastte zich naar hem toe. 'U zou een geestverschijning moeten zijn om zoiets te overleven,' zei hij, 'maar u schijnt toch een mens te

zijn. Wat voor geheime krachten bezit u?'
'Niets bijzonders,' antwoordde de oude man. 'Ik ben begonnen het te leren toen ik nog heel jong was en bleef oefenen in de jaren dat ik opgroeide. Nu ben ik zeker van het welslagen. Ik ga de diepte in met het water en kom weer boven met het water. Ik volg het en vergeet mijzelf. Ik breng het er levend vanaf, omdat ik mij niet verzet tegen de overmacht van het water. Dat is alles.'

Wanneer we leren werken met onze eigen Innerlijke Aard en met de natuurwetten die rondom ons werkzaam zijn, bereiken we het niveau van *Woe Wei.* Dan werken we in harmonie met de natuurlijke orde der dingen en handelen volgens het principe van de minimale inspanning, de minste moeite. Aangezien de natuur dat principe volgt, maakt zij geen fouten. Fouten worden gemaakt – of ingebeeld – door de mens, het schepsel met het overbelaste Brein dat zich afscheidt van het weefsel van ondersteunende natuurwetten doordat hij zich overal mee bemoeit en altijd zoveel moeite doet.
Nee, dan Poeh, de meest *moeiteloze* Beer die we ooit hebben meegemaakt.

'Hoe doe je dat eigenlijk, Poeh?'
'Hoe doe ik wat?' vroeg Poeh.
'Zo Moeiteloos worden.'

'Och, ik *doe* niet zoveel van 't een of ander,' zei hij.
'Maar al die dingetjes van je worden toch maar gedaan.'
'Die gebeuren gewoon zo'n beetje,' zei hij.
'Wacht eens. Dat doet me denken aan iets uit de *Tao Te Tsjing*,' zei ik en greep naar een boek. 'Hier heb je 't – hoofdstuk zevenendertig. Vertaald wordt het zoiets als "Tao handelt niet, maar niets wordt niet gedaan".'
'Dat klinkt als een Raadsel,' zei Poeh.
'Het betekent dat Tao niet ingrijpt in de dingen, ze niet forceert, maar ze op hun eigen manier te werk laat gaan, om op een natuurlijke manier tot resultaten te komen. Alles wat er gedaan moet worden wordt dan gedaan.'
'O ja,' zei Poeh.
In het Chinees zou dat principe *Wei Woe Wei* heten – 'Doen Zonder te Doen'. Van *Wei Woe Wei* komt *Tzoe Jan*, 'Zelf Zo'. Dat betekent dat de dingen vanzelf gebeuren, spontaan.'
'O ja,' zei Poeh.

Een fundamenteel voorbeeld van de Poeh-Manier vinden we terug in *Het Huis in het Poeh-Hoekje*, toen Poeh, Knorretje, Konijn en Roe Poeh-takjes speelden. Ze hadden hun takjes van de brug in de rivier gegooid en waren naar de andere kant van de brug gehold om te kijken wiens takje het eerst tevoorschijn zou komen.

En toen ze al een hele poos hadden staan wachten, kwam daar onder de brug vandaan gedobberd…

Iejoor. *Iejoor*?

'Ik wist niet dat jij ook meedeed,' zei Roe.
'Dat doe ik ook niet,' zei Iejoor.
'Iejoor, *wat* doe je daar eigenlijk?' zei Konijn.
'Je mag drie keer raden, Konijn! Holletjes in de grond graven? Mis! Van de ene tak op de andere springen in een jonge eik? Mis! Op iemand wachten die me uit de rivier helpt? Juist! Laat Konijn een ogenblik tijd en je zult zien, hij krijgt het antwoord altijd!'

Toen kreeg Poeh een idee. Ze zouden allemaal stenen in de rivier gooien, die stenen zouden golven maken en de golven zouden Iejoor naar de kant spoelen. Konijn vond het een goed idee. Iejoor niet.

'Stel je voor dat we hem eens per ongeluk raken?' zei Knorretje ongerust.
'Of stel je voor dat je hem per ongeluk miste,' zei Iejoor. 'Je moet jezelf goed al de mogelijkheden indenken, Knorretje, voor jullie aanstalten maken om je te gaan amuseren.'
Maar Poeh had de grootste steen gepakt die hij kon torsen en leunde nu over de brug, met de steen in zijn voorpootjes.
'Ik ga hem niet gooien, ik laat hem vallen, Iejoor,' legde hij uit. 'En dan kan ik nooit missen, ik bedoel, dan kan ik je nooit raken. Zou je niet één ogenblikje kunnen ophouden met draaien? Ik raak er zo van in de war, zie je.'

'Nee,' zei Iejoor. 'Ik vind draaien net zo leuk.'
Konijn begon in te zien dat de tijd gekomen was, dat hij de leiding nam.

'Nou, Poeh,' zei hij, 'als ik nou zeg: "Nou," dan kun je hem laten vallen. Iejoor, als ik zeg: "Nou," dan laat Poeh zijn steen vallen.'
'Dank je hartelijk hoor, Konijn, maar ik zal het wel merken, denk ik.'
'Ben je klaar, Poeh? Knorretje, geef Poeh eens een beetje meer plaats. Een beetje achteruit, jij daar, Roe. Klaar?'
'Nee,' zei Iejoor.
'*Nou*,' zei Konijn.
Poeh liet zijn steen vallen. Er klonk een luide plons, en Iejoor verdween . . .

Dat was een angstig ogenblik, voor de toeschouwers op de brug. Ze keken – keken . . . en zelfs toen ze Knorries takje vlak voor dat van Konijn tevoorschijn zagen komen, vrolijkte dat ze niet zo op als je misschien verwacht had. En juist toen Poeh begon te denken dat hij vast de verkeerde steen gekozen had, of de verkeerde rivier, of anders de verkeerde dag voor zijn Idee, toen kwam er iets grijs te zien, heel eventjes, aan de oever van de rivier . . . en dat stukje grijs werd al groter en groter . . . en eindelijk was het Iejoor, die weer bovenkwam.
Met een luide kreet stormden ze van de brug af en duwden en trokken, en al heel gauw stond hij weer tussen hen in op het droge.
'Ai, Iejoor, wat ben je nat,' zei Knorretje, die eens aan hem voelde.
Iejoor schudde zich en vroeg of iemand Knorretje eens wilde uitleggen wat er met je gebeurde 'als je een hele tijd binnen in een rivier geweest bent'.
'Mooi zo, Poeh,' zei Konijn vriendelijk. 'Dat was een heel goed idee van ons.'

De Schrandere Jongen wil natuurlijk weer met

de eer gaan strijken. Maar de Schrandere Jongen is niet degene die verantwoordelijk is als alles op zijn pootjes terecht komt. Die eer komt toe aan degene die ziet wat hij voor zich heeft en handelt naar de aard der dingen.
Als je werkt vanuit *Woe Wei* doe je ronde dekseltjes op ronde doosjes en vierkante dekseltjes op vierkante doosjes. Geen spanningen, geen strijd. Wie werkt vanuit ik-gerichte Begeerte probeert met alle geweld ronde dekseltjes op vierkante doosjes en vierkante dekseltjes op ronde doosjes te laten passen. De Schrandere Jongen probeert een slimmere manier te bedenken om dekseltjes te laten passen waar ze niet thuishoren. De Man van Kennis probeert uit te vissen waaróm ronde dekseltjes op ronde, en niet op vierkante doosjes passen. Wie handelt vanuit *Woe Wei* probeert niet. Hij denkt er niet over na. Hij *doet* het gewoon. En wanneer hij het doet, lijkt hij eigenlijk niet zoveel te doen van 't een of ander. Maar de Dingen Worden Gedaan.
'Wil er iets niet, Knorretje?'
'Het deksel van deze pot zit *vast*,' pufte Knorretje.
'Ja nou... en *of*. Hier Poeh, doe jij hem maar opcn.'
(Plop.)
'Dank je, Poeh,' zei Knorretje.

'Och, niks aan hoor,' zei Poeh.
'Hoe heb je dat deksel er nou afgekregen?' vroeg Teigetje.
'Da's makkelijk,' zei Poeh. 'Je draait er gewoon aan, zo . . ., tot je niet harder meer kan. En dan haal je heel diep adem en terwijl je die weer uitblaast, dan *draai* je. Da's alles.'
'Dat moet ik ook eens proberen!' riep Teigetje, terwijl hij met grote sprongen in de keuken verdween. 'Waar is die nieuwe pot augurkjes? Ha, daar heb je 'm.'
'Teigetje,' begon Knorretje benauwd, 'ik denk eigenlijk dat je maar niet –'
'Niks aan,' zei Teigetje. 'Gewoon draaien en –'
RINKELDEKINKEL!
'Zo is 't mooi geweest, Teigetje,' zei ik, 'Nou die augurkjes van de vloer.'
'Uit m'n poot geglipt,' legde Teigetje uit.
'Hij deed teveel z'n best,' zei Poeh.

En als je teveel je best doet, wil het niet. Probeer maar eens heel snel en nauwkeurig iets te grijpen terwijl je je arm gespannen houdt; en ontspan hem dan en probeer het nog eens. Probeer maar eens iets te doen met een gespannen geest. De zekerste manier om Gespannen, Klunzig en In De War te raken is een geest te ontwikkelen die teveel zijn best doet – eentje die teveel denkt. De dieren in het Woud denken niet teveel; ze Zijn gewoon. Maar bij een overweldigend aantal mensen kun je stellen, om maar eens een uitspraak van een oude westerse filosoof te verhaspelen: 'Ik denk, dus ik ben In De War'. Als je de Stad met het Woud vergelijkt, begin je je misschien af te vragen waarom juist de *mens* er zo prat op gaat dat hij de Superieure Diersoort zou zijn.

'Superieur waaraan?' vroeg Poeh.
'Ik weet 't niet, Poeh. Ik heb wel *iets* proberen te bedenken, maar ik kan er gewoon geen antwoord opvinden.'
'Als mensen Superieur waren aan Dieren, zouden ze wel beter op de wereld passen,' zei Poeh.
'Da's waar,' zei ik.

Maar door de eeuwen heen heeft de mens een geest ontwikkeld die hem scheidt van de werkelijke wereld, de wereld van de natuurwetten. Die geest doet teveel zijn best, put zichzelf uit en wordt er uiteindelijk zwak en rommelig van. Zo'n geest is, zelfs al is hij hoogst intelligent, inefficient. Hij fladdert hierheen en daarheen, vooruit en achteruit en slaagt er niet in zich te concentreren op hetgeen hij op het moment zélf aan het doen is. Hij rijdt de straat door in een snelle auto en denkt dat hij in de supermarkt is, bezig een boodschappenlijst te bestuderen. En dan vraagt hij zich nog af waarom er ongelukken gebeuren.

Wanneer je werkt vanuit *Woe Wei* krijg je geen echte ongelukken. Soms doet het allemaal misschien een beetje Raar aan, maar het lukt. Je hoeft niet zo vreselijk je best te doen om te *zorgen* dat de dingen lukken, je *laat* ze gewoon. Laten we bijvoorbeeld nog eens teruggaan naar de Zoektocht naar Kleintje. Kleintje – een afkorting van Heel Klein Torretje, heeft men ons gezegd – verdween op zekere dag tijdens een wandeling rond een brembosje. Niemand wist wat er was gebeurd.

Dus werd de zoektocht ingesteld en al gauw was iedereen vreselijk zijn best aan het doen om Kleintje te vinden. Iedereen was natuurlijk opgetrommeld en erop uit gestuurd door Konijn, die de leiding had. Iedereen natuurlijk, behalve Poeh:

Boem!

'Au!' piepte er iets.
Dat is grappig, dacht Poeh, ik heb au! gezegd, zonder dat ik er iets voor gedaan heb.
'Help!' zei een hoog piepstemmetje.
Dat ben ik weer, dacht Poeh. Ik heb een ongeluk gehad en ik ben in een put gevallen en nou is mijn stem helemaal pieperig geworden en hij werkt al voor ik er van binnen zelf iets voor gedaan heb. Jakkes!
'Help! Help!'
Daar heb je 't al. Ik zeg iets zonder dat ik er iets aan doen kan. Dit is vast een heel ernstig Ongeluk. En omdat hij dacht dat hij misschien niet eens zou kunnen spreken als hij wou, zei hij heel hard, alleen maar om eens te proberen:
'Een Heel Ernstig Ongeluk van Poeh-Beer.'
'Poeh!' piepte het stemmetje.
'O maar 't is Knorrie,' juichte Poeh. 'Waar ben je dan?'
'Onder,' zei Knorretje, met een echte onderstem.
'Waaronder?'

Tja, en toen *dat* allemaal weer was rechtgezet . . .

> 'Poeh,' riep hij, 'er klimt iets tegen je rug op.'
> 'Dat dacht ik ook al,' zei Poeh.
> ''t Is Kleintje,' riep Knorretje.

Mensen die dingen volgens de Poeh-Manier aanpakken overkomt dit soort dingen voortdurend. Het is moeilijk uit te leggen, behalve met een voorbeeld, maar het werkt. Dingen gebeuren gewoon op de juiste manier, op het juiste ogenblik. Tenminste, dat doen ze als je ze *laat*, wanneer je met de omstandigheden meewerkt, in plaats van te zeggen: 'Dit moest me eigenlijk niet op deze manier overkomen,' en dan erg je best te doen om het op een andere te laten gebeuren. Als je in harmonie bent met de Manier Waarop Dingen Gebeuren, dan gebeuren ze zoals ze moeten, hoe je er op dat ogenblik misschien ook over denkt. Later kun je erop terugkijken en zeggen: 'O, *nou* begrijp ik het. Dat moest gebeuren zodat *die* konden gebeuren en die moesten gebeuren zodat *dit* kan gebeuren . . .' En dan besef je dat je het, zelfs als je had geprobéérd het allemaal van een leien dakje te laten lopen, niet beter had kunnen doen en het zelfs helemaal verpest zou hebben als je *echt* je best had gedaan.
Laten we nog een voorbeeld nemen van Dingen

Die Lukken: Iejoors verjaardagsfeest, met Poeh en Knorretje als organisators.
Poeh kwam er, nadat Iejoor het hem verteld had, achter dat het Iejoors verjaardag was. Dus besloot Poeh hem iets te geven. Hij ging naar huis om een potje honing te halen dat hij als cadeau kon gebruiken en besprak de zaak met Knorretje, die besloot Iejoor een ballon te geven die hij had overgehouden van zijn eigen partijtje. Terwijl Knorretje de ballon ging ophalen, wandelde Poeh met de pot honing naar het huis van Iejoor.
Maar na een poosje begon hij Honger te krijgen.

> Dus hij ging zitten en maakte zijn potje honing open. 'Wat een geluk toch, dat ik dit juist bij me heb!' zei hij. 'De meeste beren zouden er niet aan gedacht hebben om op zo'n warme dag een hapje van 't een of ander mee te nemen op de wandeling.' En hij begon te eten.
> 'Laat eens kijken,' dacht hij, terwijl hij het potje schoon uitlikte, 'wat was ik ook weer van plan? – O ja, er was iets met Iejoor!'
> En plotseling herinnerde hij het zich weer – en, o schrik, nu had hij Iejoors verjaardagspresentje opgegeten!

Nou ja, gelukkig had hij de *pot* nog. En aangezien hij toch door het Honderd-Bunders-

Bos moest, ging hij even bij Uil aan en liet hem er '*Ter Uwer Verjaring*' op schrijven. Het *was* tenslotte een fijn potje, ook al zat er dan niets meer in.

Terwijl dit alles gebeurde was Knorretje naar huis gelopen om het ballonnetje voor Iejoor te halen en toen hij 't gevonden had, drukte hij het stijf tegen zich aan, uit angst dat de wind het te pakken zou krijgen. En hij liep zo hard hij maar kon om nog

vóór Poeh bij de jarige te zijn. 't Leek hem juist zo aardig om Iejoor het allereerste presentje te geven; dan zou die zeker denken dat hij er uit zichzelf aan gedacht had. En terwijl hij zo voortholde, er aldoor over denkend hoe blij Iejoor wel zou zijn, lette hij niet goed op waar hij liep . . . en zo kwam het dat hij met zijn ene pootje in een konijnegat trapte en plat op zijn buik viel.
PANG!!!!????!!!

Tja, kijk, toen Knorretje op Iejoors ballonnetje was gevallen, was die niet zo . . . tja, hij was eerder . . . dat wil zeggen, hij was . . .

'*Ballonnetje*?' vroeg Iejoor. 'Had je 't over een ballonnetje? Bedoel je zo'n mooi gekleurd ding dat je kunt opblazen? Vrolijkheid, zingen en dansen, van hupsakee en falderidee?'
'Jaaa – maar ik ben bang – 't spijt me vreselijk, Iejoor, – maar ik liep toch zo hard om maar gauw bij je te zijn, en toen ben ik voorover gevallen.'
'Och, och, wat een ongeluk! Je liep ál te hard, denk ik! Heb je je niet bezeerd, kleine Knor?'
'Nee, maar ik – ik – o, Iejoor, het ballonnetje is gebarsten!'
''t Bleef een hele tijd stil.'
'Mijn ballonnetje?' vroeg Iejoor eindelijk. Knorretje knikte.
'Mijn verjaardagsballonnetje?'
'Ja, Iejoor,' snikte Knorretje, 'en – en hier is 't. En ik hoop dat je deze dag nog vaak moogt beleven.' En hij gaf Iejoor het vochtige lapje dat van de ballon was overgebleven.
'Is – ie dit?' vroeg Iejoor, een beetje verwonderd. Knorretje knikte.
'Mijn presentje?'
Knorretje knikte nog eens.
'Mijn ballonnetje?'

En toen kwam Poeh er juist aan.

‘Ik kom je een presentje brengen!’ riep Poeh opgewonden.
‘Ik heb er al een gehad,’ zei Iejoor.
Poeh kwam nu ‘plas-plas’ door ’t riviertje recht op Iejoor aan en Knorretje zat een eindje van hem af, met zijn kop in beide voorpootjes, zachtjes te snikken.
‘’t Is een Nuttig Presentje,’ zei Poeh, ‘hier heb je ’t. Er staat op geschreven: “Ter Uwer Verjaring, met de beste wensen van Poeh”. Dát is de betekenis van deze letters, zie je? En je kunt er allerlei dingen in bewaren, Iejoor.’

Toen ontdekte Iejoor dat de ballon, nu hij niet meer zo groot was als Knorretje, gemakkelijk kon worden opgeborgen in de Nuttige Pot en er altijd weer uitgehaald kon worden als hij hem nodig had, iets wat je beslist niet kunt doen met de doorsnee Onhandelbare Ballon...

‘Ik ben toch zó blij,’ riep Poeh dankbaar, ‘dat ik er aan heb gedacht om je een Nuttig Presentje te geven waar je dingen in kunt bewaren!’
‘Ik ook!’ zei Knorretje. ‘Ik ben toch zó blij dat je mijn presentje in Poehs Nuttig Presentje kunt opbergen.’
Maar Iejoor luisterde niet meer. Hij legde het ballonnetje aldoor in en uit de honingpot en zette een heel gelukkig gezicht...

Dus dat lukte allemaal prachtig.
Op zijn hoogste niveau is *Woe Wei* ondefinieerbaar en vrijwel onzichtbaar, omdat het een reflex-handeling is geworden. Om de woorden van Tsjoeang-tse te gebruiken, de geest van *Woe Wei* 'stroomt als water, weerspiegelt als een spiegel en reageert als een echo'.

Net als Poeh. 'Ahúm, ik zei "*net als Poeh*".'
'W-wat?' zei Poeh, die wakker schrok en van de stoel kukelde. 'Wat is net als wie?'
'Wat stroomt er als water, weerspiegelt als een spiegel en reageert als een echo?'
'O, een Raadsel,' zei Poeh. 'Hoe vaak mag ik raden?'
'Och, ik weet 't niet. Laten we maar eens zien wat er gebeurt.'
'Wat kan dát nou zijn?' mompelde hij. 'Stroomt als water . . .'

Als je *Woe Wei* gebruikt ga je af op de omstandigheden en luistert naar je eigen intuïtie.
'Dit is niet het beste ogenblik om dit te doen. Ik moest het maar liever op *die* manier doen.' Zo. Als je zo te werk gaat, zeggen de mensen misschien dat je een Zesde Zintuig hebt, of iets dergelijks. Maar eigenlijk is het niets anders dan je Openstellen voor Omstandigheden. Dat is

alleen maar heel natuurlijk. Het is juist vreemd als je *niet* luistert.

Een van de makkelijke kanten aan dat Openstellen voor Omstandigheden is, dat je niet zoveel moeilijke beslissingen hoeft te nemen. Die kun je dan zichzelf laten nemen.

In *Het huis in het Poeh-Hoekje* bijvoorbeeld, was Poeh op zekere dag wat rond aan het kuieren, terwijl hij probeerde te besluiten bij wie hij op bezoek zou gaan. Hij kon naar Iejoor gaan, die hij niet meer had gezien sinds gisteren, of naar Uil, die hij niet meer had gezien sinds eergisteren, of naar Kanga, Roe en Teigetje, die hij allemaal al een heel poosje niet had gezien. Hoe kwam hij tot zijn beslissing? Hij ging op een steen zitten, midden in de beek en zong een liedje.

Toen stond hij op en kuierde weer wat rond, overwegend om bij Konijn op bezoek te gaan, totdat hij opeens voor zijn eigen voordeur stond. Hij ging naar binnen, nam een hapje van het een of ander en ging toen even aan bij Knorretje.

Zo gaat dat als je het op de Poeh-Manier aanpakt. Zo simpel als wat. Geen spanningen, geen toestanden. Welnu –

'Een beek?' vroeg Poeh.
'Wat?'
'Het antwoord. Een *beek* stroomt als water, weerspiegelt als een spiegel –'
'Maar hij reageert niet als een echo,' zei ik.
'Jawel hoor,' zei Poeh.
'Nou, je hebt het *bijna*. Min of meer. Denk ik.'
'Geef me nog maar eventjes de tijd,' zei Poeh.

De *Woe Wei*-benadering van het oplossen van conflicten wordt zichtbaar in de beoefening van de Taoïstische gevechtssport T'ai Tsji Tsj'oean, waarvan het basisprincipe bestaat uit het uitputten van de tegenstander, hetzij door zijn energie naar hem terug te zenden, hetzij zijn energie om te buigen en af te leiden, met als doel zijn kracht, evenwicht en verdedigingspositie te verzwakken. Nooit wordt kracht bestreden met kracht; in plaats daarvan wordt hij overwonnen door meegeven.

‘Stroomt als water, weerspiegelt als een spiegel...’ zei Poeh, voorbij kuierend. ‘Je denkt teveel, Poeh,’ zei ik. ‘Ik zal je een aanwijzing geven; misschien helpt dat je op weg.’
‘Ik hoop het maar,’ zei Poeh.’ “t Begint me dwars te zitten.’
‘Goed dan – om het Raadsel op te lossen, moet je je geest gewoon laten *voortstromen* en *weerspiegelen* wat hij ziet. Dat kan je *reageren* met het antwoord. Snap je?’
‘Nee,’ zei Poeh.
‘Ach, nou ja.’
‘Eens kijken – stroomt als water...,’ mompelde Poeh.

Het *Woe Wei*-principe dat ten grondslag ligt aan T’ai Tsji Tsj’oean wordt begrijpelijk als je tegen een kurk slaat die op het water drijft. Hoe harder je ertegen slaat, hoe meer hij meegeeft; hoe meer hij meegeeft, hoe harder hij terugspringt. Zonder energie te verbruiken kan de kurk je gemakkelijk uitputten. Dus *Woe Wei* overwint kracht door hem te neutraliseren, in plaats van het conflict te verhevigen. Bij andere benaderingswijzen bestrijd je vuur wellicht met vuur, maar bij *Woe Wei* bestrijd je vuur met water.

‘Ik *weet* ’t,’ zei Poeh. ‘Een kurk!’

'Wat is daarmee?'
'Reageert als een echo!' zei hij triomfantelijk.
'Maar stromen als water of weerspiegelen als een spiegel, dat doet hij niet,' zei ik.
'O ja,' zei Poeh. 'Dat klopt.'
'Nou, ik geloof dat ik 't je maar moet vertellen,' zei ik.' 't Is de Poeh-Manier.'
'Wát is de Poeh-Manier?'
'Het antwoord,' zei ik.
'O,' zei Poeh.
'Dat was niet zo'n erg goed Raadsel,' zei hij er achteraan.
'Nou, goed, geef jij *mij* er dan een op.'
'Graag. Wat is helemaal zwart en wit en rood?'
'O néé toch. *Die* toch niet?'
'Ken je 'm al?' vroeg Poeh een beetje verwonderd.
'Natuurlijk. Die is stokoud. Die kent iedereen – 't Is een krant.'
'Nee,' zei Poeh.
'Een blozende zebra dan?'
'Nee.'
'Tja, wat dan . . .'
'Geef je 't op?' vroeg Poeh hoopvol.
'Goed, ik geef het op. Wat is er helemaal zwart en wit en rood?'
'Een pinguin die te lang in de zon heeft gelegen.'
'Poeh, dat is een stom raadseltje.'
'Beter dan het jouwe,' zei hij.

'Nou, dan krijg je er nog een. Dat heeft te maken met het tegenovergestelde van de Poeh-Manier. Wat rent er de hele dag rond zonder ooit ergens te komen?'
'Een Konijn?' zei Poeh.
'Nou, dat scheelt *heel* weinig.'
'O, ik weet 't al. 't Is een –'

Maar *dat* bewaren we voor het volgende hoofdstuk.

DURUK GOUTRUG

Konijn haastte zich voort langs de rand van het Honderd-Bunders-Bos en begon zich hoe langer hoe gewichtiger te voelen. Al gauw kwam hij bij de boom waar Janneman Robinson woonde. Hij klopte aan, en hij riep een keer of wat, toen liep hij een stukje terug en hield zijn pootje boven zijn ogen om beter te kunnen zien en keek naar de top van de boom. Toen keerde hij zich helemaal om en riep: 'Hallo!' en 'Zeg!' en 'Ik ben het hoor, Konijn!', maar er gebeurde niets. Toen stond hij stil om te luisteren en alles luisterde met hem mee, want het Woud was heel eenzaam en stil en vredig in de zonneschijn, totdat honderd kilometer boven hem opeens een leeuwerik begon te zingen.

'Jakkes,' zei Konijn, 'hij is uitgegaan!'

Hij liep terug naar de groene voordeur, alleen om te zien of het waar was, en hij wou juist weggaan met het gevoel dat zijn hele morgen bedorven was, toen hij een stukje papier op de grond zag liggen. En er zat een speld in. Dus moest het van de deur afgevallen zijn.

'Ha,' zei Konijn en werd weer helemaal vrolijk. 'Weer een Bekendmaking.'

Dit is, wat er opstond:

WEGEGAN
GOUTRUG
DURUK
GOUTRUG

J.R.

Konijn wist niet wat een Goutrug was – ondanks het feit dat hij er zelf een is – dus ging hij het Uil vragen. Uil wist het ook niet. Maar wij menen het *wel* te weten en denken dat een heleboel andere mensen Duruk Goutrug ook wel kennen. Tsjoeang-tse heeft een nauwkeurige beschrijving van hem gegeven:

> Er was eens een man die zijn eigen voet afdrukken en schaduw niet wilde zien. Hij besloot ze te ontvluchten en liep weg. Maar terwijl hij voortrende, verschenen er meer voetafdrukken en zijn schaduw hield hem zonder moeite bij. Denkende dat hij te langzaam liep, ging hij steeds harder en harder rennen, zonder te stoppen, tot hij ten slotte van uitputting in elkaar zakte en stierf.
> Had hij stilgestaan, dan waren er geen voetafdrukken geweest. Had hij zitten rusten in de schaduw, dan zou zijn schaduw zijn verdwenen.

Het lijkt wel of je ze overal tegenkomt. De zon hoeft maar eventjes door te komen, of je ziet de Goutruggen als een kudde bisons door het park daveren, waarbij ze de meest uiteenlopende

Luidruchtige Ademgeluiden produceren. Het kan gebeuren dat je gezellig zit te picknicken in het gras en opeens merkt dat er zojuist een paar door je kipsalade zijn gehold.
Maar over het algemeen zit je in de buurt van bomen en gras redelijk veilig, want Goutruggen zijn geneigd die te mijden. Ze ploeteren liever voort op asfalt en beton, in navolging van kortlevende vervoersmachines, waarvoor die verharde oppervlaktes zijn geschapen. Terwijl ze giftige uitlaatgassen inhaleren van de voertuigen die voor hen moeten uitwijken, lopen ze druk tegen elkaar te kakelen over hoe goed ze zich wel niet voelen nu ze lekker Buiten zijn. Natuurlijk leven, noemen ze dat.
Duruk Goutrug is bijna wanhopig actief. Als je hem vraagt welke Interesses hij zoal heeft in het Leven, noemt hij een lijst op van Sporten als: 'Parachutespringen, tennissen, joggen, badmintonnen, skiën, zwemmen en windsurfen.'
'Is dat alles?'
'Tja, ik eh... (*zucht*, *hijg*, *puf*) dácht van wel,' zegt D. Goutrug.
'Auto's nazitten, heb je dat weleens geprobeerd?'
'Nee, ik – nou, nee.'
'Met krokodillen worstelen, weleens gedaan?'
'Nee... heb ik trouwens wel altijd eens willen doen.'

‘Rolschaatsen van een hoge trap dan?’
‘Nee, nooit aan gedacht, eigenlijk.’
‘Maar je zei dat je zo *actief* was?’
Dan komt het ogenblik waarop Duruk Goutrug peinzend antwoordt: ‘Zeg, wat denk je... zou ik iets *mankeren*? Misschien ben ik m’n energie wel aan ’t kwijtraken.’

Na een tijdje waarschijnlijk wel, ja.
De Sportieve Goutrug – een van de vele soorten die hier voorkomen – houdt zich bezig met zijn Conditie, zegt hij. Maar om een of andere reden ziet hij die als iets dat er ingeramd moet worden van buitenaf, in plaats van opgebouwd van binnenuit. Hij verwart lichaamsbeweging dus met *werk*. Hij werkt als hij werkt, werkt als hij aan zijn conditie werkt, en werkt meestal ook nog als hij iets voor zijn plezier doet. Werk, werk, werk. Altijd maar werken en nooit eens spelen, dat maakt van D. Goutrug een saaie jongen. En houdt hij het lang genoeg vol, dan maakt het hem nog dood ook.

Kijk – daar hebben we Konijn. ‘Hallo, Konijn. Hoe is ’t?’
‘Ik kom net van Uil,’ zei Konijn, enigszins buiten adem.
‘O ja? Je bent anders wel heel lang weggebleven.’

'Tja, eh... Uil stond erop me een verhaal over zijn oud-oom Albert te vertellen.'
'O, *daar* komt het door.'
'Maar hoe dan ook – Uil zei dat hij het Ongekerfde Blok ook niet had gezien, maar dat waarschijnlijk Roe ermee zit te spelen. Dus ik ben even bij Kanga aangewipt, maar er was niemand thuis.'
'Ze zijn naar het Woud, om sprongetjes te oefenen met Teigetje,' zei ik.
'O, dan moest ik maar weer eens verderop.'
'Doe maar geen moeite, Konijn, want –'

Waar ging hij nu weer heen? Zo gaat dat, zie je – een Goutrug kent geen rust.
Laten we het zo stellen: als je gezond, ontspannen en tevreden wilt zijn, moet je eens goed kijken wat D. Goutrug doet en dan zelf het tegenovergestelde doen. Daar heb je hem weer, heen en weer ijsberend, rammelend met het kleingeld in zijn zak, zenuwachtige blikken op zijn horloge werpend. Je wordt al moe als je alleen maar naar hem kijkt. In het ergste geval moet hij ook altijd ergens *heen*, tenminste in oppervlakkige, lijfelijke zin.
Maar een wandelingetje maken, dat doet hij niet; daar heeft hij geen tijd voor.

'Geen Conversatie,' zei Iejoor. 'Niet eerst het ene

en dan ’t andere. Je zei “Hallo” en vloog voorbij. Ik zag je staart al wel honderd meter de heuvel op, toen ik nog bezig was om een goed antwoord te bedenken. Ik had nog “Wat?” willen zeggen, maar toen was het natuurlijk al te laat.’

‘Nou, ik had ook haast.’

‘Niet een zeker Geven en Nemen,’ ging Iejoor voort. ‘Geen Uitwisseling van Gedachten. “*Hallo – Wat?*” Ik bedoel, het pakt je niet, vooral als de staart van de ander alleen bij het tweede gedeelte van de conversatie nog maar te zien is.’

Duruk Goutrug is, lijkt het wel, altijd op de loop, altijd:

WEGGEGAAN
GAUW TERUG
DRUK
GAUW TERUG

of misschien, precieser gezegd:

WEG! TERUG!
GAUW GEGAAN
DRUK
GAUW GEGAAN

Opzij allemaal, Duruk Goutrug stuift weer voorbij, op weg naar *ergens*, ergens waar hij nog niet geweest is. Naar overal, behalve waar hij is.

'Dat is 't 'm nou juist,' zei Konijn, 'Waarheen?'
'Misschien zoekt hij iets.'
'Wat?' vroeg Konijn.
'Wou ik ook net zeggen,' zei Poeh. En toen voegde hij er aan toe: 'Misschien zoekt hij een – een –'

Een Beloning, misschien. De godsdiensten, wetenschappen en bedrijfsethiek van onze D. Goutrug hebben hun uiterste best gedaan ons ervan te overtuigen dat er ons ergens een Grote Beloning wacht en dat het onze taak is ons leven lang als gekken te werken om die binnen te slepen. Of hij nu hoog in de hemel wacht, achter de volgende molecule of in de directiekamer, hij is altijd net een eindje verder dan wij – net om de straathoek, aan de andere kant van de wereld, achter de maan, voorbij de sterren . . .

'Au!' zei Poeh, terwijl hij op de vloer belandde.
'Dat krijg je als je op het randje van een schrijftafel in slaap valt,' zei ik. 'Dan val je eraf.'
'Maar goed ook,' zei Poeh.
'Zo, waarom?' vroeg ik.
'Ik had een hele enge droom,' zei hij.
'O Ja?'
'Ja. Ik had een potje honing gevonden . . .,' zei hij, zijn ogen uitwrijvend.
'Wat is daar voor engs aan?' vroeg ik.
'Het bewoog alsmaar,' zei Poeh. 'Dat horen ze

niet te doen. Ze *horen* eigenlijk stil te zitten.'
'Ja, weet ik.'
'Maar elke keer als ik mijn poot uitstak, ging dat potje honing op een of andere manier ergens anders naar toe.'
'Een nachtmerrie,' zei ik.
'Een heleboel mensen hebben dat soort dromen,' voegde ik er geruststellend aan toe.
'O,' zei Poeh. 'Over Onbereikbare Honingpotten?'
'Iets dergelijks,' zei ik. 'Dat is niet zo vreemd. Maar het rare is, dat sommige mensen zo *leven*.'
'Waarom?' vroeg Poeh.
'Weet ik niet,' zei ik. 'Dan hebben ze Iets Omhanden, of zo.'
'Lijkt me niet zo leuk,' zei Poeh.

Eigenlijk niet, nee. Een manier van leven die je steeds maar voorhoudt: 'Om de volgende hoek, na de volgende tree', druist tegen de natuurlijke orde der dingen in en maakt het zo moeilijk om gelukkig en goed te zijn, dat maar enkele terechtkomen waar ze natuurlijkerwijs toch al geweest zouden zijn – Gelukkig en Goed – en de rest geeft het op en blijft onderweg steken, de wereld vervloekend, wiens schuld het niet is, maar die er juist is om iedereen op weg te helpen.
Zij die menen dat de Beloningen van het leven

ergens achter de regenboog te vinden zijn –

'Die laten hun aardappels nogal eens aanbranden,' zei Poeh.
'Pardon?'
'Laten hun aardappels aanbranden,' zei Poeh.
'Ze – juist, ja. En dat niet alleen –'
'Daar komt Konijn,' zei Poeh.
'O, *daar* zijn jullie,' zei Konijn.
'Hier zijn we,' zei Poeh.
'Ja, hier zijn we,' zei ik.
'En *daar* ben jij,' zei Poeh.
'Ja, hier ben ik,' zei Konijn ongeduldig. 'Om even terzake te komen – Roe heeft me zijn blokkendoos laten zien. Die blokken zijn allemaal geverfd en er zitten letters in gekerfd.'
'En?' zei ik.
'Eigenlijk precies wat je zou verwachten,' zei Konijn, nadenkend zijn snorretjes poetsend. 'Dus, als je gaat combineren en deduceren,' zei hij, 'betekent dit dat *Iejoor* het moet hebben.'
'Maar Konijn,' zei ik. 'Hoor nou eens –'
'Ja,' zei Konijn. 'Ik ga dus naar Iejoor en probeer er achter te komen wat hij ervan weet – dat moet de volgende stap zijn.'
'Daar gaat ie,' zei Poeh.

Als we een eindje terugkijken in de geschiedenis, zien we dat de eerste Goutruggen in de zogeheten Nieuwe Wereld zich bijna doodploeterden op hun akkers zonder bijster veel terug te krijgen voor al die verschrikkelijke inspanning. Ze waren feitelijk aan het verhongeren, tot de wijzere bewoners van het land hen het een en ander leerden over het werken in harmonie met het ritme van de aarde. Dán ga je planten; dán ga je uitrusten. Dán bewerk je de grond; dán laat je hem met rust. Het tweede gedeelte, daar hebben de Puriteinen nooit echt iets van begrepen, nooit echt in geloofd. En dus, na een eeuw of twee, drie, waarin de eens zo vruchtbare aarde werd uitgemergeld en nog eens uitgemergeld, en een paar jaar waarin haar energie nog verder werd uitgeput door synthetische pepmiddelen, zitten we nu met appels die smaken naar karton, sinaasappels die smaken naar tennisballen en peren die smaken naar gesuikerd piepschuim, allemaal producten van een bodem die niet de kans krijgt tot rust te komen. We horen er niet over te klagen, maar Zo Staan de Zaken.

'Zeg Poeh, waarom heb *jij* het eigenlijk niet druk?' zei ik.
'Omdat het zo'n mooie dag is,' zei Poeh.
'Ja, maar –'
'Waarom zou ik die bederven?' zei hij.
'Maar je zou toch iets Belangrijks kunnen

doen?' zei ik.
'Doe ik ook,' zei Poeh.
'O ja? Wat dan?'
'Luisteren,' zei hij.
'Luisteren? Waarnaar?'
'Naar de vogels. En die eekhoorn daarginds.'
'Wat zeggen die dan?' vroeg ik.
'Dat het zo'n mooie dag is,' zei Poeh.
'Maar dat wist je toch al?'
'Ja, maar 't is altijd fijn om te horen dat iemand anders er net zo over denkt,' zei hij.
'Nou, je zou bijvoorbeeld iets aan je Algemene Ontwikkeling kunnen doen door naar de Radio te luisteren,' zei ik.
'Dat ding?'
'Jazeker. Hoe weet je anders wat er in de wereld gebeurt?' zei ik.
'Door naar buiten te gaan,' zei Poeh.
'Eh . . . tja . . .' (*Klik.*) 'Luister hier nou eens even naar, Poeh.'
'*Vandaag zijn er dertigduizend mensen gedood bij een botsing tussen vijf Jumbo Jets boven het centrum van Los Angeles* . . .' meldde de Radio.
'En wat weten we dan *nou* over de wereld?' vroeg Poeh.
'Hmmm. Je hebt gelijk.' (*Klik.*)
'Wat zeggen de vogels nu?' vroeg ik.
'Dat het zo'n mooie dag is,' zei Poeh.
Dat is het zeker, al heeft onze vriend D.

Goutrug het te druk om ervan te genieten. Maar, om onze uitleg over het waarom van al die drukte af te ronden...

De nuchtere, praktische volgelingen van voornoemde godsdienst – die Ongenode Gasten en Bemoeials van hen maakte – konden geen waardering opbrengen voor de eindeloze wouden en heldere wateren die voor hen lagen op het frisse, groene continent van de Nieuwe Wereld. Nee, zij zagen het paradijs dat er was en de mensen die daarmee in harmonie leefden als vreemd en bedreigend, iets dat aangevallen en overwonnen moest worden – omdat het allemaal die Grote Beloning in de weg stond. Ze hielden ook al niet zo van zingen. Ja, feitelijk –

'Wat?' zei Poeh. 'Geen zingen?'
'Poeh, ik probéer dit af te maken. Maar het klopt wel, geen zingen. Daar hielden ze niet van.'
'Nou, als ze niet van zingen hielden, wat vonden ze dan van Beren?'
'Ik geloof dat ze ook niet zo van Beren hielden.'
'*Beren*? Daar hielden ze niet van?'
'Nee. Niet erg in elk geval.'
'Geen zingen, geen Beren... Wat vonden ze dan eigenlijk wél leuk?'
'Ik geloof niet dat er iets is wat ze leuk vonden, Poeh.'

‘Geen wonder dat ze hier zo Klunzig doen,’ zei hij.

Hoe het ook zij, van de Miserabele Puritein kwam de Rusteloze Pionier en van hem kwam weer de Eenzame Cowboy, die altijd richting zonsondergang rijdt, op zoek naar iets dat net even verderop te vinden is. Uit dit voorgeslacht zonder wortels, zonder tevredenheid, is D. Goutrug voortgekomen, die net als zijn voorzaten nooit een thuis, nooit vrede heeft gevonden in dat Vriendelijke Land. Starre, strijdlustige fanaticus als hij is, is hij gewoon te hard voor zichzelf, te hard voor anderen en te hard voor de wereld die manmoedig probeert door te draaien ondanks alles wat Goutrug hem aandoet.
Het is dus niet zo verwonderlijk dat D. Goutrug vooruitgang beziet als iets dat samengaat met vechten en overwinnen. Een van zijn eigenaardigheidjes, zou je kunnen zeggen.
Echte vooruitgang betekent natuurlijk groeien en evolueren, hetgeen weer betekent dat je van binnen verandert, maar dat is iets waar de onbuigzame Goutrug niet aan wil. De drang naar groei en evolutie, aanwezig in alle levensvormen, wordt in de geest van de Goutruggen misvormd tot een dwangmatige zucht naar Verandering: ze moeten drastisch ingrijpen in

alles (de Graafmachine Goutrug) en iedereen (de Geloofsijver Goutrug) *behalve* zichzelf en zich bemoeien met allerlei zaken waarmee ze niets te maken hebben, met inbegrip van vrijwel elke levensvorm op aarde. In beperkte mate wordt zijn gedrag tot nu toe in toom gehouden door wijzere mensen in zijn omgeving. Maar de wijzen merken, net als de ouders van hyperactieve kinderen, dat ze niet overal tegelijk kunnen zijn. Je wordt er doodmoe van om als baby-sit te fungeren voor de Goutruggen.

'Daar heb je Konijn weer,' zei Poeh. 'En Iejoor.'
'O – Konijn,' zei ik.
'*En* Iejoor,' zei Iejoor.
'Ik heb Iejoor gevraagd –' zei Konijn.
'Dat ben ik,' zei Iejoor. 'Iejoor.'
'Ja, dat weet ik nog wel,' zei ik. 'Ik heb je vorig jaar nog gezien, ergens in het Moeras.'
'Moerás?' zei Iejoor verontwaardigd. ''t Is helemaal geen Moeras. 't Is een Drassig Landje.'
'Och, drassig, moerassig...'
'Wat is Drassig?' vroeg Poeh.
'Als je enkels nat worden is het Drassig,' zei Iejoor.
'Ooo ja,' zei Poeh.
'Daarentegen,' vervolgde Iejoor, 'als je er in wegzakt tot je *nek*, is het Moerassig.'

‘Moeras. ’t Idee!’ mompelde hij er verbitterd achteraan. ‘Ha!’
‘Hoe dan ook, ik heb Iejoor ernaar gevraagd,’ zei Konijn, ‘en die zei dat hij niet ’t flauwste idee had waar ik het over had.’
‘En ik schijn niet de enige te zijn,’ mengde Iejoor zich er in. ‘Jij hebt ook niet het flauwste idee. Dat is wel duidelijk.’
‘Wat *is* dat Ongekerfde Blok nou eigenlijk?’ vroeg Konijn.
‘Dat ben ik,’ zei Poeh.
‘*Jij*?’ zei Iejoor. ‘Ik ben helemaal hier naartoe gekomen –’
‘Van het Moeras,’ vulde ik behulpzaam aan.
‘– van het Drassige Landje, om *Poeh* te zien?’
‘Waarom niet?’ vroeg Poeh.
‘Als Konijn zich maar druk kan maken. Waaróver, dat doet er niet toe,’ zei Iejoor sarcastisch. ‘Dát doet er blijkbaar volstrekt niet toe.’

Iets wat ons nogal vreemd voorkomt, het moet gezegd, is dat het Genootschap der Goutruggen, dat praktisch op de knieën ligt voor alles wat Jong & Dynamisch is in uiterlijk, energie en instelling, geen doeltreffende methode heeft ontwikkeld om dat alles te bewaren, een manco dat aantoonbaar is door de toenemende afhankelijkheid van de Valse Schijn-Industrie van

cosmetica en plastische chirurgie. Integendeel, het Genootschap heeft talloze manieren bedacht om het jeugdige in de mens af te breken en te vernietigen. De schadelijke activiteiten die geen deel uitmaken van het zoeken naar de Grote Beloning kun je, zo lijkt het wel, op een hoopje vegen onder het hoofd Tijdsbesparing. Laten we, als voorbeeld, dat klassieke monument voor de Goutruggen eens nemen: de Snackbar.
In China heb je het Theehuis. In Frankrijk heb je Terrasjes. En vrijwel ieder geciviliseerd land van de wereld heeft zo zijn eigen equivalent – een plek waar mensen gezellig kunnen zitten, iets eten of drinken en rustig kunnen praten zonder aan de tijd te denken en zonder te moeten opkrassen zodra ze door hun consumptie heen zijn. In China, bijvoorbeeld is het Theehuis een echte sociale instelling. De hele dag door komen familie, buren en vrienden er binnen voor een kopje thee en een hapje van het een of ander. Ze blijven zo lang als ze willen. Gesprekken kunnen urenlang doorgaan. Het zou een beetje vreemd zijn het Theehuis een Buurtcentrum met een Brede Maatschappelijk Functie te noemen; zo'n term is te westers. Maar zo zou je het wel kunnen beschrijven, tenminste bekeken vanuit onze door vakjesgeest bepaalde visie. 'Je telt mee. Ga er eens

lekker voor zitten en geniet ervan.' Dat is de boodschap van het Theehuis.
En wat is de boodschap van de Snackbar? 'Je bent onbelangrijk. Schiet op.'
En dat niet alleen, want zoals iedereen weet is de Schrikwekkende Snackbar bovendien een belediging voor de gezondheid van zijn klanten.
Helaas is dit niet het enige voortbrengsel van de Tijdsbesparingsmentaliteit. We zouden ook bijvoorbeeld kunnen noemen: de Supermarkt, de Microwave-Oven, de Kerncentrale, de Giftige Chemicaliën ...
Nuchter bekeken zouden we nu, als al die tijdsbesparende uitvindingen werkelijk tijd spaarden, meer tijd ter beschikking hebben dan ooit te voren in de geschiedenis. Maar vreemd genoeg schijnen we zelfs minder tijd te hebben dan een paar jaar geleden. Het is ontzettend leuk om ergens heen te gaan waar geen tijdsbesparende apparaten bestaan, want dan kom je erachter dat je *een heleboel tijd* hebt. Want normaliter heb je het veel te druk met werken om de apparaten te betalen die je tijd besparen zodat je niet zo hard hoeft te werken.
Het voornaamste probleem met die Tijdbesparingsobsessie ligt heel eenvoudig: tijd kun je niet *besparen.* Je kunt hem alleen besteden. Maar je kunt hem wel wijs of dwaas besteden. D. Goutrug heeft praktisch helemaal geen tijd,

omdat hij zo druk bezig is hem te verspillen om hem te besparen. En omdat hij hem tot op de laatste seconde wil besparen, verspilt hij hem gewoon volledig.
Henry David Thoreau heeft het in *Walden* zo gezegd:

> Waarom zouden wij zo gehaast en met zoveel levensverspilling leven? Wij zijn vast besloten te verhongeren voor wij trek krijgen. De mensen zeggen: 'Neem altijd uw tijd te baat, te vroeg is beter dan te laat', en dus willen zij alles vandaag doen, altijd vrezend dat het morgen te laat is.

Laten we, voor een kleurrijk contrast met het jeugd-ondermijnende Genootschap der Goutruggen, even teruggaan naar het Taoïsme. Een van de meest intrigerende aspecten van het Taoïsme is dat het niet alleen respect heeft voor wie oud en wijs is, maar ook voor het personage dat de Jeugdige Onsterfelijke wordt genoemd. De Taoïstische traditie is rijk aan fascinerende vertellingen (verzonnen) en geschiedenissen (feiten, al dan niet verfraaid) over hen die al op jeugdige leeftijd de Geheimen des Levens hebben ontdekt. Ongeacht de manier waarop die ontdekkingen werden gedaan, het resultaat was in alle gevallen hetzelfde: een lang leven met een jeugdige instelling, verschijning en energie.

Trouwens, Taoïstische Onsterfelijken van álle leeftijden stonden van oudsher bekend om hun jeugdige verschijning, instelling en energie. Dat was nauwelijks toeval, maar een gevolg van Taoïstische praktijken. Eeuwenlang heeft in China de gemiddelde levensduur niet hoger gelegen dan veertig jaar en hardwerkende boeren en losbandige aristocraten stierven vaak nog jonger. Toch werden talloze Taoïsten ruim tachtig of negentig jaar oud en sommigen leefden zelfs aanzienlijk langer. Hier volgt een van onze geliefdste voorbeelden.
In 1933 meldde de wereldpers het overlijden van een man genaamd Li Tsjoeng Yoen. Zoals officieel en onweerlegbaar was geregistreerd door de Chinese regering en zorgvuldig geverifieerd door een onafhankelijk onderzoek, was Li geboren in 1677. Toen hij de tweehonderd al gepasseerd was, gaf hij aan een Chinese universiteit een reeks van achtentwintig lezingen, elk drie uur lang, over het verschijnsel lang leven. Mensen die hem toen zagen zeiden dat hij er uitzag als een man van in de vijftig, met een kaarsrechte houding, sterke tanden en een flinke haardos. Toen hij stierf was hij tweehonderdzesenvijftig jaar.
Toen Li nog een kind was, verliet hij zijn ouderlijk huis om mee te gaan met een paar rondtrekkende kruidkundigen. In de bergen

van China leerde hij van hen de geheimen van de plantengeneeskunde. Behalve dagelijks verscheidene verjongende kruiden te gebruiken, deed hij Taoïstische lichaamsoefeningen, uitgaande van de overtuiging dat oefeningen die lichaam en geest zwaar inspannen en vermoeien het leven bekorten. Zijn favoriete manier van reizen was wat hij noemde 'lichtvoetig lopen'. Jonge mensen die met hem meewandelden in zijn latere jaren konden zijn tempo, dat hij kilometers lang volhield, niet bijhouden. Hij raadde mensen die een goede gezondheid wensten aan om te 'zitten als een schildpad, lopen als een duif en slapen als een hond'. Werd hem echter naar zijn voornaamste geheim gevraagd, dan antwoordde hij 'innerlijke rust'. Nu we het toch over iets dergelijks hebben, moesten we maar eens even terug naar *Het Huis in het Poeh-Hoekje*. Janneman Robinson heeft Poeh zojuist een vraag gesteld:

> 'Wat doe jij het allerliefst op de hele wereld, Poeh?' 'Het allerliefste –' zei Poeh en toen moest hij eerst eens even nadenken. Want al was Honing Eten iets vreselijks prettigs,er was toch één ogenblikje, vlak voor je begon, dat *nog* prettiger was, maar hij wist niet hoe dat heette.

De honing is niet zo lekker meer als je er

eenmaal aan begonnen bent; het doel betekent niet zoveel meer als het eenmaal is bereikt; de beloning beloont niet meer zo, als je hem eenmaal gekregen hebt. Als we alle beloningen in ons leven optellen, hebben we alles bij elkaar niet zoveel. Maar als we de ruimtes *tussen* de beloningen optellen, komen we een heel eind. En tellen we nu de beloningen én de tussenruimtes op, dan hebben we alles – elke minuut van de tijd die we hebben besteed. Stel je eens voor dat we daarvan konden genieten?'

Als verjaardagscadeautjes eenmaal zijn opengemaakt, dan zijn ze toch Niet Zo Leuk als toen we nog bezig waren met bekijken, beetpakken, schudden, raden en openmaken. Driehonderdvijfenzestig dagen later proberen we het nog eens en merken dat er precies hetzelfde gebeurt. Telkens als het doel is bereikt, wordt het Niet Zo Leuk meer en stormen we weer op het volgende af en dan het daaropvolgende en het daaropvolgende.

Dat wil niet zeggen dat de doelen die we hebben niet belangrijk zijn. Zeker wel, voornamelijk omdat we ons ertoe brengen om dat hele proces door te maken en juist door dat proces worden we wijs, gelukkig of wat dan ook. Als we de dingen op de verkeerde manier aanpakken, worden we er verdrietig, boos of ontredderd van. Het doel moet goed voor ons zijn en

positief, willen we ons verzekeren van een positief verlopend proces. Maar afgezien daarvan is eigenlijk het proces zelf het belangrijkste. *Genieten* van het proces zelf, dat is het geheim dat afrekent met de mythe van de Grote Beloning en de Tijdsbesparing. Misschien helpt dat om de alledaagse betekenis van het woord *Tao*, de Weg, uit te leggen.
Hoe zou je dat moment noemen voordat je het eerste hapje honing neemt? Sommigen noemen het misschien voorpret, maar wij denken dat het meer is. Je zou het 'gewaarzijn' kunnen noemen. Dat doet zich voor als we ons gelukkig voelen en dat beseffen ook, al is het maar heel even. Door van het Proces te Genieten, kunnen we dat gewaarzijn zo rekken dat het niet meer slechts een ogenblikje duurt, maar het geheel bestrijkt. Dan kunnen we het heel prettig hebben. Net als Poeh.

> En toen dacht hij, dat bij Janneman Robinson zijn iets heel plezierigs was en als je Knorretje bij je had, was dat ook erg prettig. En toen hij alles goed had uitgedacht, zei hij:
> 'Wat ik het allerprettigste op de hele Wereld vind, dat is als Ik en Knorretje naar Jou toegaan en als Jij dan zegt: 'Wat denk je van een hapje van het een of ander' en ik zeg dan: 'Daar heb ik niets op tegen, en jij, Knorretje?' en als het dan zo'n zoemerige dag buiten is en de vogels zingen . . .'

Wanneer we de tijd nemen om van onze omgeving te genieten en het feit dat we leven te waarderen, merken we dat we geen tijd meer hebben om de Goutrug uit te hangen. Maar dat hindert niet, want een Goutrug zijn is een verschrikkelijke tijdverspilling. Zoals de dichter Loe Yoe heeft beschreven:

> De wolken boven ons sluiten en scheiden zich,
> De bries op de binnenplaats ebt weg en keert terug.
> Zo is het leven, dus waarom niet alle tijd genomen?
> Wie kan ons weerhouden er een feest van te maken?

ZO'N SOORT VAN BEER

We zaten te praten over de 'Ode an die Freude', de koorfinale van Beethovens negende symfonie.

'Da's een van mijn lievelingsstukken,' zei Poeh.

'Van mij ook,' zei ik.

'En wat ik het allermooiste vind,' zei Poeh, 'is als ze gaan zingen van:

'*Hoera voor 't leven van een Beer!*'

'Maar –'

'*Hoera voor een Beer!*'

'*Hoera voor een Poeh!*'

'Maar ze zingen niet van –'

'*Hoera voor 't leven van een Beer!*'

'Dat vind ik het allermooiste,' voegde hij er aan toe.

'Maar ze zingen helemaal niet "*Hoera voor 't leven van een Beer*" in "Ode an die Freude",' zei ik.

'Niet?'

'Nee, heus niet.'

'Waarom niet?'

'Nou, omdat ze er niet aan *gedacht* hebben, lijkt me.'

'Wát hebben ze?'
'Noch Ludwig van Beethoven, noch de man die de woorden van de "Ode an die Freude" heeft geschreven, hebben er iets ingezet over Beren.'
'O, dan zal ik wel in de war zijn met Ludwig van Beerhoven.'
'Poeh, er bestaat geen Ludwig van Beerhoven. Dat liedje heb je zelf gemaakt.'
'Heus?'
'Heus waar.'
'O, dus *daar* ken ik het van,' zei hij.

Maar hoe het ook zij, zo komen we terecht op hetgeen we nu gaan bepraten: genieten van het leven en Bijzonder zijn. Want iedereen ís Bijzonder, zie je.

> ''t Is vreselijk moeilijk om moedig te zijn,' snikte Knorretje, 'als je maar zo'n Heel Klein Beestje bent.'
> Konijn, die nu ijverig was begonnen te schrijven, keek op van zijn papier en zei: 'En juist omdat je zo'n Heel Klein Beestje bent, kan je Heel Nuttig zijn in het plan dat we gaan uitvoeren.'
> Knorretje was zo verrukt dat *hij* Nuttig zou kunnen wezen, dat hij zijn bangheid helemaal vergat en toen Konijn hem nu nog vertelde dat Kanga's alleen wild zijn in de wintermaanden, maar op alle andere tijden van 't jaar vriendelijk en zacht van aard, kon hij haast niet stilzitten, zo verlangend was hij om toch maar heel gauw Nuttig te zijn.

'En ik?' vroeg Poeh treurig, 'Ik ben zeker van helemaal geen nut?'
'Trek 't je maar niet aan, Poeh,' zei Knorrie troostend. 'Jouw beurt komt later.'
'Zonder Poeh,' verklaarde Konijn plechtig, terwijl hij een nieuwe punt aan zijn potlood sleep, 'zou ons hele plan niet kunnen doorgaan.'
'O!' riep Knorretje en hij deed zijn best om er niet teleurgesteld uit te zien. Maar Poeh ging naar een hoek van de kamer en zei heel trots tegen zichzelf: 'Onmogelijk zonder Mij? Kijk, zó'n soort van Beer ben ik nou!'

Hoe Nuttig we misschien ook zijn, soms duurt het een poosje voordat we onze eigen waarde erkennen. Dat kunnen we illustreren met het Chinese verhaal van *De steenhouwer*:

Er was eens een steenhouwer die ontevreden was met zichzelf en zijn plaats in het leven.
Op zekere dag kwam hij voorbij het huis van een rijke koopman en zag door de openstaande poort vele prachtige bezittingen en gewichtige bezoekers. 'Wat moet die koopman machtig zijn!' dacht de steenhouwer. Hij werd erg jaloers en wenste dat hij net zo kon worden als de koopman. Dan zou hij nooit meer het leven van een eenvoudige steenhouwer hoeven te leiden.
Tot zijn grote verbazing wérd hij plotseling de koopman, bezitter van meer weelde en macht dan hij ooit had durven dromen, benijd en verafschuwd door hen die minder rijk waren dan hij. Maar al

spoedig kwam er een hoge beambte voorbij in een draagstoel, vergezeld van zijn gevolg en geëscorteerd door soldaten die op gongen sloegen. Iedereen, ongeacht zijn rijkdom, moest een diepe buiging maken voor de stoet. 'Wat is die beambte machtig!' dacht hij. 'Ik wilde dat ík een hoge beambte kon zijn.'

Daarop werd hij de hoge beambte, rondgedragen in zijn met borduursel afgezette draagstoel, overal gevreesd en gehaat door de mensen die moesten buigen als hij voorbij kwam. Het was een hete zomerdag en de beambte voelde zich erg onbehaaglijk in zijn benauwde draagstoel. Hij keek op naar de zon. Die stond trots aan de hemel. 'Wat is de zon machtig!' dacht hij. 'Ik wilde maar dat ík de zon was!'

Toen wérd hij de zon, die genadeloos neerscheen op alle mensen, de akkers verschroeide en vervloekt werd door boeren en knechten. Maar een enorme zwarte wolk schoof tussen hem en de aarde, zodat zijn licht niet langer meer scheen op alles daar beneden. 'Wat is die regenwolk machtig!' dacht hij. 'Ik wilde maar dat ík die wolk was.'

Toen wérd hij de wolk, overstroomde de akkers en dorpen en werd door iedereen toegeschreeuwd. Maar al gauw merkte hij dat hij werd weggeduwd door een grotere kracht en besefte dat dit de wind was. 'Wat is die machtig!' dacht hij. 'Ik wilde maar dat ík de wind kon zijn!'

Toen wérd hij de wind, blies de pannen van de daken, ontwortelde bomen en werd gehaat en gevreesd door iedereen. Maar na enige tijd stuitte hij op iets wat niet meegaf, hoe hard hij er ook

tegen blies: een gigantische steen, die boven alles uittorende: 'Wat is die steen machtig!' dacht hij. 'Ik wilde maar dat ík een steen was!'
Toen wérd hij de steen, machtiger dan al het andere op de wereld. Maar toen hij daar stond, hoorde hij het geluid van een hamer die een beitel in de massieve rots sloeg en hij voelde dat hij werd veranderd. 'Wat zou er machtiger kunnen zijn dan ik, de steen?' dacht hij. Hij keek neer en zag beneden, in de diepte, de gedaante van een steenhouwer.

Ha, daar komt de post. 'O, kijk – iets voor jou, Poeh.'
'Voor *mij*?' zei Poeh.
'Voor Meneer Poeh Beer.'
'Menéér Poeh Beer?'
'Dat staat er.'
'Meneer... Poeh... Beer,' zei Poeh met een eerbiedig soort stem. 'Wat staat erop?' vroeg hij, terwijl hij op de schrijftafel klauterde en over mijn schouder ging staan gluren.
''t Is van het Schoenenpaleis. "*Voor de derde keer staat onze jaarlijkse uitverkoop voor de deur. Alle modellen, alle maten*". Poeh, dit is niks voor jou.'
'Wat staat daar, onderaan?' vroeg Poeh.
'"*Gratis koffie*". Een reden temeer om weg te blijven.'
'Ik moet dit toch eens beter bekijken,' zei Poeh

en liep met het kaartje naar het raam.

Om in ons leven het heft in eigen handen te nemen en iets van blijvende waarde tot stand te brengen, zullen we vroeg of laat moeten leren Geloven. We hoeven onze verantwoordelijkheid niet af te wentelen op de schouders van een of andere vergoddelijkte Spirituele Superman, of gezapig af te wachten tot het Lot aan de deur klopt. We hoeven alleen maar te geloven in de kracht die in ons zit en hem te gebruiken. Als we dat doen, en ophouden anderen te imiteren en naar de kroon te steken, begint het allemaal mee te zitten.
Laten we eens een paar voorbeelden nemen:
In 1927 stond in Chicago een man van tweeëndertig aan de rand van het meer in Lincoln Park, met de bedoeling zich in het donkere water te gooien en te verdrinken. Zijn dochtertje was gestorven, zijn bedrijf was failliet, zijn reputatie was verloren en hij was hard op weg alcoholist te worden. Terwijl hij in de diepte stond te kijken vroeg hij zich af, wat één nietig mensje in zijn omstandigheden in vredesnaam kon beginnen. Toen kwam het antwoord bij hem op: het stond hem nu vrij risico's te aanvaarden, onafhankelijk van anderen iets te ondernemen en daardoor anderen weer te helpen. Hij ging naar huis terug en

wijdde zich aan het werk dat hem naar zijn gevoel door de kosmos werd opgedragen, in plaats van te doen wat hem was *geleerd.* Hij sloeg de wetten van de natuur gade en paste er zijn leefwijze bij aan, waardoor hij op den duur zijn leven een totaal andere wending gaf.

Die wetten zouden hem bezielen en steunen bij zijn grootste prestatie. Maar zonder zijn geloof en de durf om de stap te wagen, zou hij nooit zijn bijdragen aan de mensheid hebben geleverd en zou niemand respect hebben gekregen voor de naam Buckminster Fuller.*

In 1854 werd in Port Huron, Michigan, een jongen van school gehaald omdat hij 'teveel last veroorzaakte'. Hij had er drie maanden op gezeten. Dat was de enige officiële scholing die hij in zijn leven zou krijgen. Later kreeg hij een baan als laboratoriumassistent. Daar kwam een eind aan toen hij het lab in de lucht liet vliegen. Zijn werkgever pakte hem beet, en smeet hem de straat op met de woorden, dat er nooit iets van hem terecht zou komen. Maar hij had een idee en was niet van plan zich door een paar kleine probleempjes uit het veld te laten slaan. Hij wilde de mechanische toepassingen

*Een beroemde Amerikaanse architect en uitvinder (vert.)

van natuurwetten leren kennen. Uiteindelijk werd hij de grootste uitvinder in de Amerikaanse geschiedenis, met ruim dertienhonderd binnen- en buitenlandse patenten op zijn naam, een naam die synoniem is aan genialiteit in het oplossen van vraagstukken, de naam Thomas Edison.

De steek-je-nek-niet-uit-pessimisten van de wereld brengen nooit erg veel tot stand, omdat ze geen heldere en objectieve kijk hebben op situaties, geen inzicht of vertrouwen hebben in hun eigen capaciteiten en omdat ze die niet genoeg durven aan te spreken om ook maar het kleinste beetje risico te nemen. Wat deed bijvoorbeeld Druilerige Iejoor eraan, toen kleine Roe in de beek viel tijdens de beroemde Expeditie om de Noordpool te ontdekken? Toen Roe al een heel eind was meegevoerd door de stroming, liet Iejoor halfslachtig zijn staart in het water afhangen, zodat Roe hem kon grijpen om zich op het droge te trekken – of, om precies te zijn, zodat Iejoor een pluim zou krijgen voor zijn goede bedoeling. Natuurlijk verwachtte hij niet dat het iets uit zou halen en dat deed het natuurlijk ook niet.

Wie zou er Roe gaan redden? Paniekerige Knorretje stond op en neer te springen en geluidjes te maken. Onpraktische Uil stond Roe te instrueren dat hij zijn hoofd boven water moest houden. Bezorgde Kanga bleef alsmaar vragen of 't wel goed met hem ging. Kapitein Konijn riep bevelen naar iedereen... Maar Positieve Poeh bekeek de situatie om te zien wat hij er aan kon doen en probeerde iets:

Maar Poeh deed wat er gedaan moest worden. Hij was de anderen twee poelen vooruit gehold en stond daar nu te wachten met een lange paal, totdat Kanga bij hem kwam en het andere eind van de paal vastgreep.
Met hun beiden hielden ze nu de paal boven het smalste gedeelte van de poel, totdat Roe, aldoor roepend: 'Kijk toch eens hoe mooi ik zwemmen kan!' kwam aandrijven. Dadelijk greep hij de paal vast en klom vlug tegen de wal op.
'Heb je wel gezien hoe mooi ik zwemmen kan?' piepte hij opgewonden, terwijl Kanga al druk bezig was hem droog te wrijven en te beknorren. 'Zeg Poeh, zag je wel hoe mooi ik zwom? Dat noemen ze zwemmen, weet je' – dat, wat ik daar deed. Konijn, heb je wel gezien hoe ik zwom? Ik zwom!

Janneman Robinson, heb je wel gezien hoe –'
Maar Janneman Robinson luisterde niet naar hem. Hij keek ernstig naar Poeh.
'Poeh,' zei hij, 'waar heb je die paal gevonden?'
Poeh keek naar de paal in zijn handen.
'Ik vond hem daarginds,' zei hij, 'en ik dacht dat ik hem mooi kon gebruiken om Roe te helpen en toen raapte ik hem op.'
'Poeh,' zei Janneman Robinson plechtig. 'De Expeditie heeft haar doel bereikt! Jij hebt de Noordpool ontdekt!'

Zoals Poeh merkte met de Noordpool, moet je, als je eenmaal hebt gezien hoe de situatie ligt en wat je eraan kunt doen, alles gebruiken wat je onderweg tegenkomt om datgene te bereiken wat je bereiken wilt. Meestal zijn de dingen die je nodig hebt er al; het enige wat je hoeft te doen is ze te gebruiken.
Zoals, bijvoorbeeld, toen Knorretje Geheel door Water was Omringd...

''t Geeft je wel een wat angstig gevoel,' zei hij bij zichzelf, 'een Klein Beestje te zijn, Geheel Omringd door Water. Janneman Robinson en Poeh kunnen altijd nog ontkomen door in de Boom te Klimmen, en Kanga door een paar grote sprongen te maken, en Konijn door heel diepe gangen te graven naar de een of andere droge plek, en Uil kan vliegen en Iejoor kan ontsnappen door – door – ja, door een Groot Lawaai te maken, net zolang tot iemand

hem komt redden, maar hier zit ik in mijn huisje in de beuk, geheel omringd door water en *niet* in staat om *iets* te doen.'
Toen kwam hem opeens een verhaal in de zin dat Janneman Robinson hem verteld had over een man op een verlaten eiland, die het een en ander had geschreven in een fles en toen had hij die fles in zee gegooid, en Knorretje dacht dat, als hij nu eens iets in een fles schreef en die in het water gooide, er misschien wel iemand zou komen om *hem* te redden!

En dat deed hij.

En toen Knorretjes fles voorbij kwam drijven, kreeg Poeh de boodschap. Maar toen moest hij naar Janneman Robinson toe om er achter te komen wat hij betékende.
Dus hij kurkte zijn grootste honingpot stevig dicht, liet hem in het water vallen en sprong er

zelf achteraan. En na enig experimenteren met zijn boot

dobberde hij naar het huis van Janneman Robinson, waar de boodschap werd gelezen en een Redding werd voorbereid. Maar toen bedachten ze dat ze een grotere boot nodig hadden. Dus kreeg Poeh een idee:

En door middel van een spannende Redding werd Knorretje verlost door niemand minder dan de beroemde Poeh Beer, Ontdekker van de Noordpool.

'Zeg Uil, heb jij Poeh soms ergens gezien?'
'Ik meende eigenlijk dat ik hem een poosje geleden iets in de kast had zien stoppen,' zei Uil, 'maar ik heb er niet bijzonder veel aandacht aan besteed.'
'De kast? Goed, ik zal even kijken en dan –'
'Wat is er?' zei Uil.
'Uil, wat moeten al die dózen hier?'
'Dozen?' zei Uil.
'En ze zitten vol... *schoenen*!'
'Schoenen?' zei Uil.
'Moet je dit nou zien. Gymschoenen, 38. Sandalen, 40. Lage schoenen, 44...'
'Alle modellen, alle maten,' zei Uil.

'Uil, ik weet het niet zeker, maar ik geloof dat ik iets begin te Vermoeden.'
'Het heeft er alle schijn van dat Poeh schuldig is,' zei Uil wijs.
'Als je hem tegenkomt, zeg hem dan dat ik hem even wil spreken, wil je, Uil?'
'Natuurlijk.'

De twee zojuist genoemde Onbevreesde Reddingsacties brengen ons bij een van de belangrijkste termen van het Taoïsme: *Tz'oe*, die je zou kunnen vertalen als 'geven om' of 'mededogen' en die is gebaseerd op het karakter voor *hart*. In het zevenenzestigste hoofdstuk van de *Tao Te Tsjing* noemde Lao-tse het zijn 'eerste schat' en schreef vervolgens: 'mededogen brengt moed voort'. We zouden eraan toe kunnen voegen dat het ook wijsheid voortbrengt. Het is nogal veelzeggend, vinden wij, dat zij die geen mededogen hebben ook geen wijsheid hebben. Kennis, ja; schranderheid, misschien wel; maar wijsheid, nee. Een schrandere geest is geen hart. Kennis geeft niet werkelijk om anderen. Wijsheid wel. We vinden het ook veelzeggend dat *cor*, het Latijns woord voor 'hart', de basis vormt voor het woord *courage*. Knorretje zei het zo: 'Ze is niet Verstandig, Kanga, maar ze zou zó bezorgd zijn over Roe, dat ze zeker Precies zou weten wat ze moest Doen'. *Tz'oe* was niet alleen dat wat Roe redde, de Noordpool ontdekte en Knorretje bevrijdde; het gaf ook Knorretje de moed om hulp voor Poeh en Uil te halen toen Uils huis was omgewaaid. Nu is Knorrie, zoals we wel weten, maar een Heel Klein Beestje en daarbij niet bepaald het Allermoedigste, maar toen Uils huis omwoei, ontdekte Knorretje dat hij meer moed had dan hij had gedácht.

'Hallo, Uil,' zei Poeh. 'Ik hoop dat we niet te laat – Ik bedoel, hoe gaat het met je? Knorretje en ik kwamen eens kijken hoe het met je was, omdat het donderdag is.'
'Ga zitten, Poeh. Ga zitten, Knorretje,' zei Uil vriendelijk. 'Neem er je gemak van.'
Ze bedankten hem en námen er hun gemak van.
'Ja, want zie je, Uil,' zei Poeh, 'we hebben erg hard voortgemaakt om op tijd te zijn voor de – om je nog te zien voor we weer wegmoeten.'
Uil knikte plechtig.
'Verbeter me als ik 't verkeerd heb, wil je? Maar heb ik het goed als ik veronderstel dat het een zeer Omstuimige dag is, buiten?'
'Zeer,' zei Knorretje, die kalmpjes zijn oortjes liet ontdooien en wenste dat hij maar weer terug was in zijn eigen huisje.
'Dat dacht ik al,' zei Uil. 'Het was juist zo'n Onstuimige dag als nu, toen mijn Oom Frederik, wiens portret je daar rechts van je aan de muur ziet hangen, terwijl hij in de late namiddag van een – Wat is dat?'

Ze hoorden een luid gekraak.

'Uitkijken!' riep Poeh. 'Pas op voor de klok! Ga uit de weg, Knorrie! Knorrie, ik val boven op je!'
'Help!' riep Knorretje...
'Poeh,' zei Knorretje zenuwachtig.
'Ja,' zei een van de stoelen.
'Waar zijn we?'
'Dat weet ik niet precies,' zei de stoel.
'Zijn we – zijn we in Uil zijn huis?'
'Dat denk ik wel, want we zouden immers net gaan theedrinken, en dat hadden we toch nog niet gedaan?'
'O!' zei Knorretje, 'Zeg, heeft Uil *altijd* een brievenbus in zijn plafond gehad?'

Maar nadat Poeh onder de stoel vandaan was getrokken en hij eens had rondgekeken, kwam hij met een Plan. Uil zou naar de brievenbus vliegen met een touwtje, het touwtje door het gaas duwen en dan weer naar beneden brengen. Dan zou Knorretje het ene eind van het touwtje vastgrijpen, terwijl Poeh en Uil aan het andere eind trokken...

'En dan is Knorretje er,' zei Uil. 'Als het touwtje tenminste niet breekt.'
'En áls het nou eens breekt?' vroeg Knorretje, die daar wel benieuwd naar was.
'Dan nemen we weer een ander touwtje.'
Maar dat kon Knorretje niet troosten, vooral niet omdat ze *nog* zoveel touwtjes konden proberen, maar 't zou toch altijd dezelfde Knorretje zijn die naar beneden kwam als het brak. En toch leek dit het enige. En zo blikte hij dan in zijn geest terug naar al die prettige uren die hij in het Honderd-Bunders-Bos had doorgebracht in de tijd toen hij nog niet aan een touwtje naar het plafond werd getrokken, keek Poeh moedig aan en zei dat het een heel Goedbedacht pup-pup-pup, Goedbedacht pup-pup-Plan was.

En tenslotte...

Hij wringde en hij wrong en na het laatste wrongetje was hij buiten. Blij en opgewonden keerde hij zich om, om nog een laatste boodschap door de opening te piepen.

'In orde hoor!' riep hij door de brievenbus. 'Je boom is omgewaaid, Uil, en er ligt een tak dwars over de deur, maar we kunnen hem wel weghalen, Janneman Robinson en ik, en we zullen een touwtje voor Poeh meebrengen, en nou ga ik het hem maar eerst vertellen, en ik kan best naar beneden klimmen, ik bedoel, het is heel Gevaarlijk, maar ik kan het toch best, en Janneman Robinson en ik zijn over een half uurtje terug. Dag Poeh.' En zonder te wachten tot Poeh riep: 'Dag Knorrie, dankjewel, hoor!' ging hij er vandoor.

'Een half uur,' zei Uil en hij ging op zijn gemak zitten. 'Net tijd genoeg om je dat verhaal uit te vertellen waaraan ik bezig was, van mijn oom Frederik, wiens portret je daar onder je ziet. Waar was ik ook weer? Laat eens kijken! O, ja! Het was juist zo'n onstuimige dag als nu, toen mijn Oom Frederik...'

'Uil zei dat je me wou spreken,' zei Poeh.

'Vooruit, Poeh, wat moeten al die schoenen in de kast?'

'Ik kon 't niet laten,' zei Poeh.

'Hoezo?'

'Nou, eerst kwam die kaart voor *Meneer* Poeh Beer. En toen ik in de winkel kwam, alleen maar om eventjes te kijken...'

'Ja?'

'Die winkelmeneer was zo *aardig* tegen me. "Kan ik u misschien helpen, meneer?" zei hij. Ik voelde me helemaal Belangrijk worden.'

'Maar Poeh, je hebt die schoenen niet nódig,' zei ik.
'Ik zal ze terugbrengen,' zei Poeh.
'Dat klinkt al beter.'
'Ik denk dat er nóg een heleboel mensen dingen komen terugbrengen.'
'Wat?'
'Ik heb een heleboel mensen dingen zien kopen die ze niet echt nodig hadden, overal in die winkel.'
'Dat zit er wel in, ja,' zei ik.
'Ik was niet de enige,' zei hij.
'Natuurlijk niet, Poeh. Een heleboel mensen proberen op die manier Belangrijkheid en Geluk te kopen. Maar *jij* kan heus wel gelukkig en belangrijk zijn zonder zoiets te doen, hoor.'
'Kunnen zij ook,' zei Poeh.

Ja, da's waar. Kan iedereen eigenlijk. Ondanks wat Iejoor ooit zei, *kunnen* we het allemaal, iets maken van wat we zijn en genieten van ons leven; het punt is alleen dat sommigen het niet *doen*.
Een paar jaar geleden schreef een Wijze Waarnemer, tevreden gezeten bij Walden Pond: 'Het gros der mensen leidt een leven van stille wanhoop'. De wanhoop mag dan tóen stil zijn geweest, nú is hij oorverdovend. Maar we hoeven daar geen deel aan te hebben. We

kunnen ophouden ons wanhopig vast te klampen aan fopspenen die het leven moeten vervangen, en onszelf bevrijden. Als we de eerste stap maar zetten, begint dat proces.
En dat voert ons naar het Tiereleboem-Principe, dat uit een liedje van Poeh komt:

Hoe langer
(Tiereleboem)
Of het sneeuwt,
(Tiereleboem)
Hoe meer
(Tiereleboem)
Of er valt
(Tiereleboem).

Zoiets wordt ook weleens het Sneeuwbal-Effect genoemd, wat je misschien herinnert aan die keer dat je dat kleine sneeuwballetje voor je uit duwde en het al maar groter en groter werd, tot het zo groot werd dat je het niet meer kon tegenhouden en het helemaal de heuvel afrolde en de auto van de buurman platwalste en iedereen het al gauw had over de Gigantische Sneeuwbal waar *jij* zoveel verschrikkelijks mee had aangericht... en dat is misschien wel de reden dat wij het liever het Tiereleboem-Principe noemen.
Welnu, dat principe kan een negatieve of een positieve uitwerking hebben. Het kan even

gemakkelijk aanzetten tot cynisme als tot hoop. Het kan doorgewinterde misdadigers voortbrengen of moedige helden, domme vandalen of briljante scheppers. Waar het om gaat is dat je er gebruik van maakt, zowel voor jezelf als ten gunste van anderen – of anders de Nare Consequenties onder ogen ziet.

Werkend vanuit het Tiereleboem-Principe, kun je respect gebruiken om Respect aan te kweken. Hoe meer of het sneeuwt, hoe meer of er valt:

> En zo gebeurde het dat Poeh het voor hem zong, al de vijfenzestig regels, en Knorretje zei niets. Die luisterde maar, en zijn oortjes gloeiden. Want er had nog nooit iemand, helemaal uit zichzelf, hoera of hoezee voor Knorrie (KNORRIE) gezongen.
>
> Toen 't uit was, zou hij dolgraag één stuk nog eens horen, maar hij durfde 't niet goed te vragen. 't Was dat stuk dat begon met: '*In NIET-VOOR-DRUK-WERK klom de Held.*'
>
> Klom de Held – dat vond hij zo Mooi Klinken.
>
> 'Heb ik dat heus allemaal gedaan?' vroeg hij eindelijk.
>
> 'Wel –' zei Poeh. 'In een gedicht – in een dichtwerk – jazeker, Knorretje, want in het dichtwerk staat het zo. En zo weten de mensen ervan.'
>
> 'O,' zei Knorretje. 'Want – zie je – ik beefde toch wel een beetje – alleen maar in 't begin en er staat "*Alleen en bevend? Nee!*" Dus!'
>
> 'Ja, maar toen niet meer! Eerst wel! Maar je overwon je Angst. En dat is juist 't Dapperste van zo'n Heel Klein Beestje. Eerst wél en toen niet

meer. Zie je?'
Knorretje zuchtte van geluk en begon een beetje over zichzelf na te denken. Hij was DAPPER...

Zodat later, toen Iejoor die weer Nergens van Afwist een nieuw huis voor Uil ontdekte en het dat van *Knorretje* bleek te zijn...

'Net een huis voor uil, vind je ook niet, kleine Knor?'
En toen deed Knorretje Iets Nobels en hij deed dit in een soort van droom, denkende aan al die wonderbaarlijke schone woorden, die Poeh over hem gezongen had.
'Ja, het is net een huis voor Uil,' zei hij grootmoedig. 'En ik hoop dat hij er heel, heel gelukkig in wezen mag.' En toen slikte hij twee maal, omdat hij er zelf zo gelukkig in geweest was.
'Hoe vind *jij* het, Janneman Robinson?' vroeg Iejoor een beetje angstig, wel voelende dat er iets niet helemaal in orde was.
Janneman Robinson had eerst nog iets te vragen, maar hij wist niet zo goed hoe hij het vragen moest.
'Tja!' zei hij. 'Het is een heel aardig huis, en als je huis omgewaaid is, dan *moet* je ook wel ergens anders gaan wonen, hè Knorretje? Wat zou je zelf doen, als jouw huis was omgewaaid?'
Nog voor Knorretje daarover nadenken kon, antwoordde Poeh al voor hem.
'Dan zou hij bij mij komen wonen, hè Knorretje?' zei hij.
Knorretje greep zijn poot.
'Dankjewel, Poeh,' zei hij. 'Dolgraag.'

Wil je echt gelukkig zijn? Dan kun je beginnen met te waarderen wie je bent en wat je hebt. Wil je je echt ellendig voelen? Dan kun je beginnen met ontevreden zijn. Zoals Lao-tse schreef: 'Een boom zo dik dat je hem net kunt omspannen begint met een klein zaadje; een reis van duizend kilometer begint met één stap.' Wijsheid, Geluk en Moed zitten niet ergens buiten je gezichtsveld aan het eind van een rechte lijn op je te wachten; ze maken deel uit van een voortdurende kringloop die *hier* begint. Ze zijn niet alleen het einde, maar net zo goed het begin. Hoe meer of het sneeuwt, hoe meer of er valt.
Tsjoeang-tse beschreef het zo:

> Men erkent algemeen dat de bezielende moed van een enkeling een leger van duizenden naar de overwinning kan voeren. Als iemand die zich inspant voor alledaags gewin een dergelijk effect kan sorteren, hoeveel meer zal er dan niet tot stand worden gebracht door iemand die zich bezighoudt met grotere dingen.

(Applaus.) Een toost! Op Knorretje de Held en Onbevreesde Poeh –

Zing luid Hoera,
Hoera voor Knorrie (of Hoezee)!

en
Hoera voor een Beer!
Hoera voor een Poeh!
Hoera voor 't leven van een Beer!

Toen ze allemaal bijna genoeg gegeten hadden, klopte Janneman Robinson met zijn lepel op de tafel en hield iedereen dadelijk op met praten, behalve Roe, die juist een hele tijd vreselijk had zitten hikken; maar als hem nu nog af en toe een hikgeluidje ontsnapte, probeerde hij een gezicht te zetten alsof een van Konijns vrienden en familieleden 't had gedaan.
'Deze partij,' zei Janneman Robinson, 'is een partij ter ere van iets dat door iemand gedaan is en wij weten allemaal wel wie ik bedoel; en dit is dus zijn partij omdat hij gedaan heeft wat hij deed, en hier heb ik een presentje voor hem.' Hij voelde in zijn zakken alsof hij iets zocht, en fluisterde: 'Waar is 't toch gebleven?'
Terwijl hij er nog naar zocht, kuchte Iejoor heel nadrukkelijk en begon te spreken.
'Vrienden – rariteiten meegerekend –,' zei hij, ''t is mij een groot genoegen, of misschien moest ik liever zeggen: 't is mij tot dusver een groot genoegen geweest, jullie allemaal op mijn partij te zien. Wat ik deed was niet de moeite waard. Ieder van jullie – behalve Konijn en Uil en Kanga – zou zeker – o, én Poeh – zou zeker hetzelfde hebben gedaan. Mijn opmerkingen behoren natuurlijk niet te worden toegepast op Knorretje en Roe, omdat die nog te klein zijn. Ieder van jullie zou hetzelfde doen. Maar toevallig was Ik degeen die het deed. Ik

deed het niet – dat behoef ik zeker niet eens te zeggen – in de hoop om datgene te krijgen, waar Janneman Robinson juist naar zoekt' – en hij hield zijn voorpoot voor zijn mond en fluisterde zo luid dat iedereen 't kon verstaan: 'Zoek eens onder de tafel!' – 'dat ik deed, wát ik deed, maar omdat ik voel dat we allen moeten doen wat we kunnen om anderen te helpen. Ik voel dat we allemaal –'

Ja, ja, ja. Maar goed, tenslotte...

'Ha, daar heb ik 't al!' riep Janneman Robinson blij. 'Geef het maar gauw door aan mijn oude, dwaze Poeh. 't Is voor Poeh.!'
'Voor Poeh?' vroeg Iejoor.

Natuurlijk is 't voor Poeh. Omdat hij *zo'n* soort van Beer is.

'En wat is er dan eigenlijk zo bijzonder aan Poeh?' zei Iejoor verontwaardigd.
'Nou, Iejoor, als je 't volgende hoofdstuk leest kom je daar misschien wel achter,' zei ik.
'Als het móet,' zei Iejoor.

NERGENS EN NIETS

'Waar gaan we heen?' vroeg Poeh, die achter hem aanholde en zich nieuwsgierig afvroeg of het een Onderzoekingstocht zou worden of een 'Watzullen-we-nou-met-je-weet-wel'.
'Nergens heen,' zei Janneman Robinson.
Dus daar gingen ze heen op weg en toen ze een stukje gelopen hadden zei Janneman Robinson: 'Wat doe jij het liefste op de hele wereld, Poeh?'

(En wat Poeh het liefste deed was natuurlijk naar het huis van Janneman Robinson gaan en een hapje eten, maar dat hadden we al geciteerd, dus geloven we niet dat dat nog een keer hoeft.)

'Vind ik ook prettig, Poeh,' zei Janneman Robinson, 'maar wat ik het aller-allerliefst doe, dat is Niets.'
'Hoe doe je dat, Niets?' vroeg Poeh, nadat hij er lang over had nagedacht.
'Dat is als ze je, net als je het gaat doen, vragen: "Wat ga je doen Janneman Robinson?" en je zegt dan: "O, niks," en dan ga je het meteen doen.'
'O, ja,' zei Poeh.

'Dat is zo'n beetje Nietsdoen, wat we nu doen.'
'O, ja,' zei Poeh weer.
'Ik bedoel, zomaar een beetje lopen, en luisteren naar alles wat je horen kunt, en je nergens wat van aantrekken.'

Tsjoeang-tse beschreef het zo:

Bewustzijn trok noordwaarts, naar het land van de Donkere Wateren en beklom de Onmerkbare Helling, waar hij Sprakeloze Niet-Doener ontmoette. 'Ik heb drie vragen voor u,' zei Bewustzijn. 'Ten eerste, welke gedachten en inspanningen zullen ons leiden tot begrip van de Tao? Ten tweede, waarheen moeten wij gaan en wat moeten wij doen om vrede te vinden in de Tao? Ten derde, vanuit welk punt moeten wij beginnen en welke weg moeten wij volgen om de Tao te bereiken?' Sprakeloze Niet-Doener gaf hem geen antwoord. Bewustzijn reisde zuidwaarts naar het land van de Heldere Oceaan en beklom de Berg der Zekerheid, waar hij Impulsieve Spreker aantrof. Hem stelde hij dezelfde vragen. 'Dit zijn de antwoorden,' antwoordde Impulsieve Spreker. Maar zodra hij begon te spreken, raakte hij in verwarring en vergat waarover hij aan het praten was.
Bewustzijn keerde terug naar het paleis en vroeg het de Gele Keizer, die hem zei: 'Geen gedachte hebben en je geen inspanning getroosten is de eerste stap naar begrip van de Tao. Nergens heengaan en niets doen is de eerste stap naar het vinden van vrede in de Tao. Vanuit geen punt

beginnen en geen weg volgen is de eerste stap naar het bereiken van de Tao.'

Wat Tsjoeang-tse, Janneman Robinson en Poeh beschrijven is het Grote Geheim, de sleutel die de deuren van wijsheid, geluk en waarheid opent. Wat is dat magische, mysterieuze iets? Niets. Voor de Taoïst is Niets *iets* en is Iets – tenminste het iets dat velen zo belangrijk vinden – eigenlijk helemaal niets. Met onze uitleg hiervan zullen we proberen een indicatie te geven van hetgeen de Taoïsten *T'ai Hsü* noemen, het 'Grote Niets'.
We zullen beginnen met een voorbeeld uit de geschriften van Tsjoeang-tse:

> Op de terugreis van het K'oen-loen-Gebergte verloor de Gele Keizer de donkere Tao-parel. Hij zond Kennis uit om haar te zoeken, maar Kennis was niet in staat haar te begrijpen. Hij zond Verre Blik uit, maar Verre Blik was niet in staat haar te zien. Hij zond Welsprekendheid uit, maar Welsprekendheid kon haar niet beschrijven.
> Ten slotte zond hij Ledige Geest, en Ledige Geest keerde terug met de parel.

Toen Iejoor zijn staart verloor, wie vond hem toen? Schrandere Konijn? Nee. Die had het te druk met schrandere dingen doen. Geleerde Uil? Nee. Die herkende hem niet eens toen hij hem voor zijn neus had. Beterweter Iejoor? Nee. Die merkte niet eens dat hij weg was, tot Poeh het hem vertelde. En zelfs toen kostte het nog enige tijd om hem ervan te overtuigen dat de staart er Beslist Niet was.

Toen toog Poeh op pad om hem te zoeken. Eerst ging hij aan bij Uil, en Uil zei hem in vijfentwintigduizend (of meer) monotone woorden dat Wat Er Gedaan Moest Worden was, dat er een Gratificatie moest worden Uitgeloofd, hetgeen inhield... (gaap) ...het schrijven van een... bekendmaking, die moest... (GAAP) worden opgehangen... overal in het... (mmmmm). O ja, waar waren we ook weer? Overal in het Woud. En toen gingen ze samen naar buiten...

En Poeh bekeek eens aandachtig de klopper en de woorden die eronder stonden, en toen het schellekoord en de woorden die daaronder stonden, maar hoe langer hij naar dat schellekoord keek, des te duidelijker voelde hij dat hij dat al eens eerder moest hebben gezien – een poosje geleden.
'Een fijn schellekoord, hè?' zei Uil.

Poeh knikte.
'Het doet me aan iets denken,' zei hij, 'maar ik weet niet precies waaraan. Waar heb je 't vandaan, zeg?'
'Ik vond het toevallig in 't Woud. Het hing in een struikje en toen dacht ik eerst dat daar iemand woonde en ik belde aan, maar ik hoorde geen geluid en er kwam niemand en toen trok ik nóg harder aan het schellekoord en toen hield ik het opeens in mijn hand; en omdat er niemand scheen te zijn van wie het was, nam ik 't mee naar huis en –'

Aha. Dus Poeh bracht de staart terug naar Iejoor en toen hij weer op zijn plaats zat, voelde Iejoor zich een stuk beter.

Nou ja een poosje dan.
Een Leeg soort geest heeft zijn nut voor het vinden van parels, staarten en dergelijke, omdat hij ziet wat hij voor zijn neus heeft. Een Volgepropte geest kan dat niet. Terwijl de Heldere geest luistert naar het zingen van een vogel, vraagt de Vol-Kennis-en-Knapheid-

Gepropte geest zich af wat voor *soort* vogel daar aan het zingen is. Hoe meer hij Volgepropt is, des te minder kan hij horen door zijn eigen oren en zien door zijn eigen ogen. Kennis en Knapheid zijn geneigd zich bezig te houden met het verkeerde soort dingen en een geest die in de war is geraakt door Kennis, Knapheid en Abstracte Ideeën is geneigd dingen na te jagen die er niet toe doen, of die niet eens bestaan, in plaats van te zien, te waarderen en te gebruiken wat hij voor zijn neus heeft.

Laten we eens even stilstaan bij Leegte in het algemeen. Hoe komt het dat een landschap van een Taoïstische schilder voor de meest uiteenlopende mensen zoiets verfrissends heeft? Door de Leegte, de ruimte die niet is opgevuld. En waarom hebben pasgevallen sneeuw, zuivere lucht, helder water dat ook? En goede muziek? Zoals Claude Debussy het uitdrukte: 'Muziek is de ruimte tussen de noten.'

'Wooh *Baby*! Oooaoweee *Baby*! (Wanga wanga wanga.) Baby don't *leave* me! (Wanga wanga crash bang!) Baby, don't *LEAVE* me!' (Klik.) Als stilte na lawaai, of koel helder water op een hete, benauwde dag. Leegte haalt de bezem door een geest vol troep en laadt de batterijen van de spirituele energie op.

Toch zijn veel mensen bang voor Leegte, omdat het ze doet denken aan Eenzaamheid. Alles moet worden in- en opgevuld, lijkt het wel – agenda's, mooie plekjes, onbebouwde terreinen – maar als al die ruimte is opgevuld, begint de Eenzaamheid pas écht. Dan gaat er in een Groep gezeten worden, gaat er ingeschreven worden voor Cursussen en gaan er Gun-Jezelf-Een-Beetje-Luxe-spullen worden aangeschaft. Als de Eenzaamheid het huis binnensluipt, wordt de Televisie aangezet om te zorgen dat hij weggaat. Maar hij gaat niet. Dus doen sommigen van óns dat maar, en nadat we de leegte van de Grote Overladen Troep achter ons hebben gelaten, ontdekken we de volheid van het Niets.

Een van onze lievelingsvoorbeelden van de waarde van Niets is een voorval uit het leven van de Japanse Keizer Hirohito. Welnu, keizer zijn van een der meest uitzinnig Confucianistische landen ter wereld is niet noodzakelijkerwijs een erg ontspannende bezigheid. Van de vroege morgen tot de late avond is praktisch elke minuut van 's keizers tijd gevuld met besprekingen, audiënties, werkbezoeken, inspecties en de-hemel-weet-wat. En door zo'n dag, zo volgepakt dat een stenen muur daarmee vergeleken nog open lijkt, moet de keizer waardig voortglijden, als een fregat bij kalme zee.

Midden in een bijzonder drukke dag werd de

keizer naar een grote vergaderzaal gereden voor een of andere ontvangst. Maar toen hij arriveerde was er niemand. De keizer liep naar het midden van de grote zaal, bleef een ogenblik zwijgend staan en boog toen voor de lege ruimte. Hij keerde zich naar zijn gevolg, met een brede glimlach op zijn gezicht. 'We moeten meer van zulke ontvangsten op de agenda zetten,' zei hij. 'Ik heb in lange tijd niet zo genoten.'

In het achtenveertigste hoofdstuk van de *Tao Te Tsjing* schreef Lao-tse: 'Wil je kennis verwerven, voeg dan elke dag iets toe. Wil je wijsheid verwerven, doe dan elke dag iets weg.' Tsjoeangtse beschreef het principe op zijn eigen humoristische manier:

> 'Ik begin het te leren,' zei Yen Hoei.
> 'Hoe dan?' vroeg de Meester.
> 'Ik ben de regels der Rechtschapenheid en de trappen van Weldadigheid vergeten,' antwoordde hij.
> 'Goed, maar het kon beter,' zei de Meester.
> Een paar dagen later merkte Yen Hoei op: 'Ik maak vorderingen.'
> 'Hoe dan?' vroeg de Meester.
> 'Ik ben de Rituelen en de Muziek vergeten,' antwoordde hij.
> 'Beter, maar nog niet volmaakt,' zei de Meester.
> Enige tijd later zei Yen Hoei tot zijn Meester: 'Nu ga ik zitten en vergeet alles.'

Geschrokken keek de Meester op. 'Wat bedoel je, dat je alles vergeet?' vroeg hij haastig.
'Ik vergeet mijn lichaam en zintuigen en laat alle verschijningsvormen en kennis achter,' antwoordde Yen Hoei. 'Temidden van het Niets, verenig ik mij met de Bron van Alle Dingen.'
De Meester boog. 'Je hebt de beperkingen van tijd en kennis overschreden. Je laat mij ver achter je. Je hebt de Weg gevonden!'

Het verzamelen, analyseren, sorteren en opslaan van informatie – deze functies en andere kan de geest zo automatisch, vaardig en moeiteloos verrichten, dat daarbij vergeleken de meest geavanceerde computer een plastic spelletje lijkt. Maar hij kan nog oneindig veel meer. De geest gebruiken zoals maar al teveel voorkomt, voor het soort dingen waarvoor hij doorgaans wordt benut, is ongeveer even inefficiënt en misplaatst als een toverzwaard gebruiken om een blikje bonen open te krijgen. De kracht van een heldere geest gaat elke beschrijving te boven. Maar hij kan worden verworven door ieder die de waarde van het Niets inziet en weet te benutten.
Laten we zeggen dat je een idee krijgt – of, zoals Poeh het juister zou zeggen, het krijgt jou. Waar is het vandaan gekomen? Van dit iets, dat weer van dát iets afkomstig is? Als je het helemaal weet terug te voeren tot de bron, zal je

ontdekken dat het uit het Niets kwam. En het is waarschijnlijk, dat hoe groter het idee is, hoe directer het daar vandaan is gekomen. 'Een geniale inval! Volstrekt uniek! Een revolutionaire nieuwe benadering!' Vrijwel iedereen heeft weleens zo'n idee gehad, hoogst waarschijnlijk na een gezonde slaap waarin alles zo helder was, zo gevuld met Niets, dat er plotseling een Idee in verscheen. Maar we hoeven geen paar uur te slapen om dat te laten gebeuren. We kunnen wakker zijn – *klaar*wakker. Het is een heel natuurlijk proces.

Het begint wanneer we kinderen zijn, hulpeloos, maar ons bewust van dingen, genietend van hetgeen om ons heen is. Dan worden we pubers, nog steeds hulpeloos, maar proberend om tenminste onafhankelijk te *schijnen*. Wanneer we dat stadium ontgroeien worden we volwassenen – onafhankelijke persoonlijkheden, die capabel en rijp genoeg zijn om anderen te helpen, zoals we hebben geleerd onszelf te helpen.

Maar de volwassenheid is niet het hoogste ontwikkelingsstadium. Het einde van de cyclus is die van het alziende Kind, onafhankelijk, en helder van geest. Wanneer de *Tao Te Tsjing* en andere wijze boeken dingen zeggen als: 'Keer terug naar het begin; word weer een kind,' dan is dát hetgeen waar ze op doelen. Waarom schijnen de ver*licht*en zo vervuld van licht en blijheid, als kinderen? Omdat ze het zijn. De wijzen zijn Kinderen Die Weten. Hun geest heeft zich ontdaan van de talloze kleine ditjes en datjes van het kleine verstand en is gevuld met de wijsheid van het Grote Niets, de Weg van het Heelal.

> Ze liepen maar door, en dachten zo over alles en nog wat, en na een poos kwamen ze aan een betoverde plek op het hoogste punt van het Woud. Die werd 'De schoot der Galjoenen' genoemd en er stonden zestig-en-nog-wat bomen in een kring en Janneman Robinson wist dat die plek betoverd was, omdat er nog nooit iemand was geweest die had kunnen tellen of er drieënzestig of vierenzestig bomen waren, zelfs niet als hij om iedere boom een touwtje gebonden had nadat hij hem had geteld. En omdat het daar betoverd was, was de grond ook niet zoals overal anders in het Woud, mos en hei en varens, maar fijn, vol gras, rustig en zacht en groen... Toen ze daar zaten, konden ze de hele wereld uitgespreid voor zich zien liggen, tot waar de hemel er tegenaan kwam, en wat je ook maar ergens in de grote wereld zien kon, hadden ze daar in de Schoot der Galjoenen.

Daar eindigen de Poeh-boekjes, op het Betoverde Plekje op het hoogste punt van het Woud. We kunnen er heen gaan wanneer we maar willen. Het is niet ver; het is niet moeilijk te vinden. Neem gewoon het pad naar Niets en ga Nergens heen tot je er bent aangekomen. Want het Betoverde Plekje is precies daar waar jij bent en als je Vriendjes bent met Beren vind je het wel.

HET NU VAN POEH

In de ochtendzon, in de avondschemering, reist een kleine Beer door het Woud. Waarom gingen we met hem mee toen we nog zoveel kleiner waren? Hij is per slot maar een Beer met een Heel Klein Beetje Verstand. Maar is Verstand wel zo belangrijk? Is het werkelijk het Verstand dat ons brengt waar we heen moeten? Of is het maar al te vaak dat Verstand dat ons de verkeerde kant uit stuurt,dat ons de echo van de wind in de boomtoppen doet volgen waarvan we dénken dat hij echt is, in plaats van te luisteren naar de stem in ons binnenste die ons de weg wijst?

Verstand kan allerlei dingen doen, maar de dingen die het kan, zijn niet de belangrijkste. De abstracte verstandelijkheid van de geest scheidt de denker alleen maar van de wereld van de realiteit, en die wereld, het Woud van de Realiteit, is er nu jammerlijk aan toe, vanwege té veel mensen die teveel denken en er te weinig om geven. Ondanks alles wat het denken van veel mensen hen graag wil doen geloven, mag

die fout niet veel langer worden gemaakt, wil iedereen blijven voortbestaan. De enige kans die we hebben om een stellige ramp af te wenden is een andere benadering te vinden, en te leren wijsheid en tevredenheid naar waarde te schatten. Dat zijn dingen waarnaar tóch al wordt gezocht, door middel van Kennis en Verstand, maar Kennis en Verstand kunnen zulke dingen niet verschaffen. Dat hebben ze nooit gekund en dat zullen ze ook nooit kunnen. We kunnen ons niet meer veroorloven zo verschrikkelijk hard naar iets te zoeken op de verkeerde manier en in de verkeerde hoek. Als we toelaten dat Kennis en Verstand doorgaan met de boel af te breken, zal het niet lang meer duren voor ze al het leven op aarde zoals wij het nu kennen vernietigd hebben en het weinige dat misschien nog tijdelijk voortbestaat zal de moeite van het aankijken niet waard zijn, zo wij daar dan al toe in staat mochten zijn.
De meesters van het leven kennen de Weg, want zij luisteren naar de stem in hun innerlijk, de stem van wijsheid en eenvoud, de stem wiens rede verder gaat dan het Verstand en wiens weten verder gaat dan Kennis. Die stem is niet alleen de kracht en het eigendom van enkelen, maar is aan iedereen gegeven. Zij die er aandacht aan schenken worden te vaak veeleer bejegend als uitzondering op de regel dan als

voorbeeld van de regel die van kracht is, een regel die van toepassing kan zijn op ieder die er gebruik van maakt.
In elk van ons zit een Uil, een Konijn, een Iejoor en een Poeh. We hebben al te lang voor de weg van Uil en Konijn gekozen. Nu zitten we, net als Iejoor, te klagen over de gevolgen. Maar daar bereiken we niets mee. Als we slim zijn, kiezen we de weg van Poeh. Als van verre roept hij ons toe met de stem van een kindergeest. Misschien is hij soms moeilijk te horen, maar toch is hij van belang, omdat we zonder hem nooit de weg door het Woud zullen vinden.

ACHTERWOORD

‘Nou, Poeh, wat denk je ervan?’ zei ik.

‘Denken – waarvan?’ vroeg Poeh.

‘De Tao van Poeh, natuurlijk.’

‘De *wat* van Poeh?’ vroeg Poeh.

‘Moeten we ’t daar nou wéér over hebben?’ zei ik.

‘Hebben – waarover?’ vroeg Poeh.

‘De Tao van Poeh,’ zei ik.

‘Wat is dat, de Tao van Poeh?’

‘Je weet wel – het Ongekerfde Blok, het Tingele-Klingele-Bingele-Bel-Principe, de Poeh-Manier, Zo’n Soort van Beer, al die dingen.’

‘O,’ zei Poeh.

‘Dat is de Tao van Poeh,’ zei ik.

‘O,’ zei Poeh.

‘Hoe zou *jij* die beschrijven?’ vroeg ik.

‘Eh, ja . . . dit kwam daarnet zomaar naar me toe,’ zei hij. ‘Ik zal ’t voor je zingen.’

‘Toe maar.’

‘Goed dan . . . (ahúm)’:

Voor het kennen van de Weg,
Moeten we gewoon op Weg.
Je dingen doen,
Liefst met plezier,
(dat hoeft niet dáar,
je kan 't ook Hier)
Heel simpel op de Poeh-Manier.
Maar ga niet Zoeken naar de Weg,
Want je zal zien, dan is hij weg!

Ik ben ik
En jij bent jij,
Dat weten we allebei;
Maar als je nu de dingen doet,
De dingen die jij kan,
Dan vind je heus de Weg vanzelf,
En de Weg komt achter je an!

Dat is het, dacht ik tenminste,' zei Poeh.
'*Perfect*,' zei ik. 'Maar je weet toch nog wel, hè...?'
'Wat?' zei Poeh.
''t Komt op hetzelfde neer.'
'O,' zei Poeh. 'Da's waar ook.'